超明解!合格NAVIシリーズ

受験本番に勝つ!

77の作戦

和田秀樹
受験技術研究家・精神科医

ブックマン社

まえがき

自分の心をよく制した者が受験に勝つ！

受験生の心に巣食う〝7つの敵〟を退治する！

いくら実力がある受験生でも、不安や重圧に押しつぶされると本番で力を発揮できずに終わる。こんなに悔しいことはない。

逆に、実力で劣っていても、持てる力を100％、120％発揮して逆転合格を果たす人もいる。たまたま運がよかったわけではない。

受験本番では、持てる実力をどれだけ発揮できるかで、合否が左右される。〝敵〟は周囲の受験生ではなく、実は自分の心の中にいる。

「自分の心との闘い」、それに勝った者が受験を制する。

不安・重圧・緊張・焦り・アガリ・恐怖・パニック。キミが闘うべき〝7つの敵〟はなかなか手ごわい。本番を間近に控えた受験生の〝心の弱み〟につけ込んで増殖し、キミをいいように操ろうとする。

だが、安心してほしい。心の専門家である私は、敵の正体、敵の弱点をちゃんとわかっている。どうやって退治すればいいのかも。

キミの心を強くする〝77の作戦書〟を手渡そう！

この本では、〝7つの敵〟を倒し、本番で実力をフルに出し切るための戦術を授けたい。「思い込み力」「切り替え力」から「脳活性化力」まで、敵を無力化する〝7つのパワー〟をキミの心に吹き込もう。同時に、細かい場面や状況を想定した〝77の作戦書〟も手渡す。試験当日のアガりや緊張をどうやって抑え込むか。試験前日の不安・重圧をいかにしてはねのけるか。さらには、どんなやり方で直前期の勉強を加速させ、さらなる実力アップを図るか……。

いずれも難しいことではない。要は〝ちょっとした〟心の持ち方や考え方、工夫によって乗り越えられる。本当に〝ちょっとしたこと〟だが、それを実践するかどうかで結果が大きく変わる。

あとはキミたち次第、試験当日の朝「よし、いけそうだ！」と思えたなら大丈夫。それは〝作戦書〟の力ではなく、キミたちの努力の賜物であり、自身の「心の成長」を意味する。

自分を信じよう！　自分の心をよく制したものが受験に勝つ！

和田秀樹

もくじ

CHAPTER

3

「上から力」で精神的優位に立つ！――61

CHAPTER 4

「シミュレーション力」でアガリを防ぐ！

CHAPTER 5

「ミスらん力」で確実に得点を加算する！

CHAPTER

6

「開き直り力」で最終コーナーを駆け抜ける！――139

CHAPTER 7

「脳活性化力」で勉強効率をマックスに高める！——165

CHAPTER1

「思い込み力」で自信を植えつける！

試験に強くなる作戦1〜11

Tactics for success

1

「大丈夫、絶対に受かる」と毎日言い聞かせよう！

——〝根拠のない自信〟でもかまわない

●不安によるストレスが脳の働きを鈍らせる

試験が近づけば誰でも不安になる。「うまくいかなかったらどうしよう」「落ちたらどうしよう」……。そんなことばかり考えていると、勉強に集中できないばかりか、脳の働きまで本当に鈍ってくる。

最近の脳科学の研究では、不安や恐怖からくるストレスは、脳の「前頭前野《ぜんとうぜんや》」の神経回路にダメージを与えることが確かめられている。

前頭前野は、思考や判断、記憶、感情のコントロールなど、高度に人間的な活動を支えている。そう、ここの働きが低下すると、試験本番で思うように実力を発揮できない。

試験には「平常心」で臨《のぞ》むのが一番だ。しかし、これがなかなか難しい。こういうときこそ、〝思い込み力〟に頼ってみよう。「大丈夫、絶対に受かる！」と自分自身に言い聞かせるのだ。

●病気まで治してしまう〝思い込み〟のパワー

製薬会社が新しい薬を開発すると、病院に依頼して薬の効果を調べる臨床実験を行ってもらう。その際、新薬と偽薬《ぎやく》（無害なニセモノの薬）を患者さんに与え、両者の効き目を比較するデータを取る。

「ニセの薬が効くわけないじゃん！」と思うかもしれないが、ここで不思議なことが起きる。患者さんは、渡されたのが新薬か偽薬かは知らないが、「この薬は効く」と思い込んで飲む。すると、本来なら効くはずのない偽薬が効いてしまうのだ。

これを「プラシーボ効果」と呼ぶ（プラシーボは偽薬の意味）。強い思い込みや期待感によって本当に効果が現れる現象のことだが、似たようなことを、キミたちも経験したことがあるのではないだろうか。

たとえば、補助輪のない自転車に初めてひとりで乗れたとき。後ろで支える人に「大丈夫、支えてるよ」と言われ、安心して自転車をこぐ。しかし、実はもう支えていない。それでも転倒せずに走っている！

これも「支えられている」という思い込みによるプラシーボ効果だ。

●根拠なんていらない、胸を張って自信を持とう！

試験を間近に控えた受験生にも、プラシーボ効果は期待できる。「絶対に大丈夫！」と信じることで、不安によるストレスが遮断され、前頭前野が普段通りに働く。いや、普段以上だろう。

「これまで模試でC判定以下ばかりなのに、『大丈夫、絶対に受かる！』なんて思い込めないよ」という人もいるだろう。

ハッキリ言おう。根拠なんていらない。そもそもプラシーボ効果にはなんの根拠もない。「効かない偽薬」を「これは効く！」と思い込んで飲むだけで、本当に効果が現れてしまうのだから。

たとえ判定が厳しくても、「自分はデキる、必ず受かる！」と毎日言い聞かせよう。それで直前の追い込みが加速する。本番では実力をフルに発揮できる。効果を実感するのは、合格通知を受け取るときだ。

Wise sayings for you

試験に強くなる名言集①

できるかどうか　分からないような試みを
成功させるただひとつのものは、
まずそれができると信じることである。

ウィリアム・ジェームズ（アメリカの心理学者）

Tactics for success

2

〝イケてる自分〟を試験会場に持ち込む！

——担げる〝ゲン〟はなんでも担ぐ

●「うまくいったとき」のイメージを保存する

受験生のよくやる〝ゲン担《かつ》ぎ〟に、「神社で合格祈願をする」「トンカツを食べる」「五角形のエンピツを使う（五角→合格）」などがある。それで不安が減るなら、いくらでもゲンを担いでいい。

「勝ち続けている間はヒゲを剃《そ》らない」「バッターボックスで決まったしぐさをする」……。一流のスポーツ選手にも、ゲン担ぎをする人は多い。試合や練習で「うまくいったとき」の行動パターンを再現することで、不安や緊張を解きほぐし、集中力を高めるためだ。

受験生の場合は、過去に受けた模試のうち、一番成績がよかったとき

Wise sayings for you
試験に強くなる名言集②

失敗を恐れるな。失敗なんてないんだ。

マイルス・デイビス（アメリカのジャズトランペッター）

の状況を〝保存〟しておきたい。高得点を取ったときに使ったエンピツや消しゴム、その日の服装、成績表などを写メに撮っておこう。

●なんでもプラスに考えるトレーニングを！

試験会場には、〝最高にイケてる自分〟を持ち込む。模試で高得点を出したときに使ったエンピツや消しゴム、直前まで見ていた参考書、そのときの服装や電車の中で聴いていた音楽など……

試験開始前、参考書を見ても集中できないときは、模試の成績表を見て「よし、いけるぞ！」と自分に言い聞かせる。気持ちをプラスに持っていくことで、最高のパフォーマンスを引き出す。

「過去に受けた模試はどれもダメ」という人は、それでもプラスに考えよう。「最高の結果は、明日の試験のために残しておいた」と。「試験会場に向かう途中、滑って転んだら？」「滑り出し上々。ヨロけて転ぶ、ヨロコビの結果が待つ！」と。

こじつけでもかまわない。直前期には、どんなことでもプラスに考える「ポジティブシンキング」のトレーニングをしておくといい。

3

好きな人、憧れの人から、元気を吹き込んでもらう

——人の力を借りて自信をつける

●憧れの人からの励ましで合格！

試験の帰り道、たまたま大好きなアーティストを見かけた。思わず駆け寄って、自分が大ファンであること、美大志望の浪人生であること、明日が本命の東京芸大の試験であることを伝えた。

「明日、頑張ってね！」

別れ際に言葉をかけてくれた。これまでもらってきた、どの人の励ましよりも力になった。あのひと言があったからこそ合格できた……。ある著名なデザイナーの合格体験談である。

「この人を見ていると元気をもらえる」「あの人の話を聞いていると、

Wise sayings for you
試験に強くなる名言集③

人を信じよ、しかし、その百倍も自らを信じよ。

手塚治虫（漫画家）
『手塚治虫 未来へのことば』（こう書房）より

ものすごく力が湧く」。そんな憧れの対象、自分のモデルとなる人のことを、精神分析学では「理想化対象」と呼ぶ。

歌手や俳優ではなくても、部活の先輩、親友、恋人、学校の先生や予備校講師など、理想化対象はキミの身近にもいるはずだ。

●「合格したらデート」の約束をする

信頼する先輩でも教師でもいい、自分の理想化対象から「頑張れ、おまえならやれる！」と励まされれば、世界がパッと明るくなるだろう。「よし、やってやる！」、元気10倍、勇気100倍だ。

「自分から『励ましてください』って頼むんですか？　変じゃないですか？」……。いや、全然変じゃない。恥ずかしければ、お気に入りの参考書や筆箱にサインを書いてもらえばいい。そのときに交わしたひと言、ふた言をしっかり心に刻み込む。これがパワーの源になる。

彼氏や彼女がいる人は、試験がすべて終わるまで、さすがにデートはお預けだ。しかし、「合格したら一緒にディズニーランド」の約束を取りつけておけば、これはもう死ぬ気になって頑張るしかない！

4

まず一問、易しそうな問題を確実に解いてガッツポーズ！

——気分をハイにして波に乗る

●確実に1点をもぎ取って勢いをつける

サッカーでも野球でも、先制点の価値は非常に高い。試合早々、1点を先制することで不安や緊張が吹っ切れ、「よし、いけるぞ！」とチーム全体に勢いがつく。試験本番でもこれは同じだ。

試験開始のベルが鳴る。焦ることはない。問題の冊子を開いたら、まずは「解けそうな問題」「簡単そうな問題」を探す。

入試問題は、必ずしも易《やさ》しい問題から順に並んでいるわけではない。第一問から解き始め、それが難問だった場合、簡単に解ける後ろの問題に手をつける前に〝試合終了〟の笛が鳴りかねない。

「確実に解けそうな問題から順番に解く」。試験本番の〝鉄則中の鉄則〟だ。最後に残した難問は捨ててもいい。基本から標準レベルの問題で得点を重ねれば、確実に合格ラインを超えられる。

●問題が解けたら思いっきり喜ぼう！

まず一問確実に解けたら、「よし、やった！」と心の中で雄叫《おたけ》びを上げてガッツポーズ。このリアクションも効果的だ。

卓球の試合では、ポイントを取るたびに選手は「ヨッシャーッ！」と大げさに喜ぶ。これは、脳科学的にも理にかなった行動である。

喜びや快感を脳が認知すると、脳内でベータ・エンドルフィンという物質が生成される。〝脳内モルヒネ〟とも呼ばれるこの物質は、不安やストレス、痛みなどを抑えて気分をハイにする作用が知られている。

「波に乗る」「勢いに乗る」ことで、時に普段の実力以上のものを発揮する。高校野球では、一回戦に勝った無名校が勢いに乗り、優勝候補の伝統校を破ってしまうことがよくある。

一度乗ると手がつけられない。若いキミたちならではの爆発力だ。

5

「一番笑えるネタ」を用意しておく

――笑いの効用を本番に活かす

●プロの演奏家のアガリ防止術は「笑い」

脳科学者であり作曲家でもある伊東乾《けん》氏がこんなことを書いている。

コンサートの開演前、出番を待つ楽屋では、オーケストラの団員たちがジョークを飛ばし合って談笑している。さすがはプロ、本番前でも余裕たっぷりと思うだろうが、実は違うのだ。

ベテランの団員でも、大きな演奏会の前は緊張でガチガチになることがある。若い団員ならなおさらだ。彼らが楽屋で冗談を言い合って笑うのは、緊張やアガリを抑えるためだと伊東氏は書く。

「笑い」には、〝脳の窒息状態〟を和らげる効果がある。緊張をほぐし、

Wise sayings for you
試験に強くなる名言集④

苦しい時でも、とにかく笑っていろ。笑える余裕、ゆとりがないと判断を間違える。

藤森正路（経営者）

本番のステージで最高のパフォーマンスを発揮するために、プロは「笑い」を利用しているわけである。

●緊張でガチガチなら、試験中でも笑え！

試験前、緊張でガチガチになる、不安で息苦しくなってきた、試験が始まっても緊張が収まらず、問題文を読んでも頭に入らない……。そんなときは、「笑い」で平常心を取り戻そう。

〝思い出し笑い〟ができるネタを、いくつか用意して試験会場に乗り込むのだ。これまでで一番笑ったことを思い出す、大好きな芸人の爆笑ギャグを頭の中でリプレイする。休憩時間には、スマホに保存しておいた〝笑える動画〟や〝思わず微笑む癒し動画〟を観る。

試験中、問題が解けずに頭の中が真っ白になったときも、いったんエンピツを置き、〝爆笑ネタ〟を思い出してみよう。ピリピリと厳粛な空気に包まれた教室で、さすがに声を出して笑えない。

笑っちゃいけないと思うと余計におかしい。思わず「ククク」と忍び笑いを漏らす。よし、これで緊張は解けた。戦闘再開だ！

6

これまでに使ってきたノートと参考書を机の上に積み上げる

――達成感を目で確認する

〝勉強量〟を目で確認して自信回復！

「もっと勉強しておけばよかった」「苦手なところが問題に出たらどうしよう」……。どんなに勉強をしてきた人でも、試験前には勉強量が足りていないと感じて不安になる。

この手の不安は、実はないよりもあった方がいい。「もっと頑張らないと受からない」という危機感をバネに、直前の追い込みを加速させる原動力になるからだ。

ところが、不安が強すぎると、焦るばかりで勉強に手がつかなくなってしまう。そういうときは、「こんなに勉強してきたじゃないか！」と

Wise sayings for you

試験に強くなる名言集⑤

常に時間はたっぷりある。うまくやりさえすれば。

ゲーテ（ドイツの詩人）

『ゲーテ格言集』（新潮文庫、髙橋健二 訳）より

自分に言い聞かせて自信を取り戻したい。どうやって？

これまでに使ってきたノートや参考書を、机の上にドンと積み上げてみるのだ。実際にやればわかるが、「思っていた以上に勉強してきたこと」を目で確認できる。単純だが効果的な自信回復術だ。

〝シャッフル復習〟で参考書の山を崩す

机の上に参考書を積み上げたら、そこから一冊、どれでもよいので抜き取ってパラパラ眺めてみよう。復習は一度やったことを確認する作業なので、新しいことを覚えるよりも簡単で、時間もかからない。

「よし、大丈夫」となったら、別の参考書を抜き取って復習する。

山積みにした参考書から、適当に抜き取って見直しをする〝シャッフル復習〟は、時間をかけずにパッパッと進めたい。

忘れていたことがあったら、「いま気づいてラッキー」と思って覚え直そう。復習をしなければ、そこが〝穴〟になったまま本番を迎えるハメになっていた。「ふう、危なかった。ぎりぎりセーフ！」

山がなくなったとき、自信と気力を確実に取り戻している。

7

試験本番の〝応援歌〟を2タイプ用意しておく

――音楽による感情のコントロール

●試験日の朝、ノリノリの音楽を聴く

「音楽はアスリートにとって合法的な麻薬のようなもの」

「音楽は力と興奮を高め、緊張や疲労を軽減する効果がある」

スポーツ心理学で有名なロンドン・ブルネル大学のコスタス・カラジェオーヒス博士の言葉である。

オリンピックなどで、陸上や競泳の選手がヘッドホンで音楽を聴きながら競技開始を待つ姿をよく見る。テンポが速くノリのいい音楽を好む選手が多いようだ。受験生もこれをマネしてみるといい。

「聴いているとすごく元気が出る」という曲ならなんでもいい。試験日

Items for the best performance

試験に強くなるアイテム①

サバイバー「Eye of the Tiger」

クイーン「Don't Stop Me Now」

マイケル・ジャクソン「Beat It」

コスタス・カラジェオーヒス博士（本文参照）が推奨する"ノリのよい楽曲"。

の朝、ノリノリの音楽を聴いてから試験会場に乗り込むのだ。ちなみに、私は甲斐《かい》バンドの「HERO《ヒーロー》」で気分を高揚させた。

緊張でガチガチのときは〝癒し系〟

試験前、極度の緊張や不安に襲われたときは、ノリノリの曲を聴いてもうるさいだけで効果がないことがある。そういうときは、逆に心を安らかにしてくれる〝癒し系〟の音楽を聴く。

最近の病院では、手術室で〝癒し系〟のBGMを流すところが増えている。患者の不安や緊張を解きほぐしてリラックスさせる、痛みに対する感覚を和らげる、などの効果が確かめられているからだ。

一般的には、モーツァルトなどのクラシック系の音楽に〝癒し効果〟が高いと言われている。しかし、ジャンルは問わない。自分が聴いて気持ちが落ち着く、安らかになるような曲ならなんでもいい。

雑念を振り払って集中力を高める〝戦闘用ミュージック〟、緊張や不安を振り払って落ち着きを取り戻す〝鎮静用ミュージック〟。自分専用の2タイプの音楽を用意し、状況によって使い分けよう。

8

使い込んだ参考書は試験の守護神！

――〝愛着グッズ〟の効用

●就寝前、使い込んだ参考書で復習する

知らない場所に連れてこられた幼児が、不安のあまり泣き叫ぶ。親はちゃんとわかっていて、その子が好きなオモチャを手渡す。子供はピタリと泣き止む。病院などでよく見かける光景である。

幼児は、特定のオモチャや毛布などに執着する。それによって母親から離れる不安を和らげ、安心感を得ようとするのだ。精神分析学では、これを「安心毛布」と呼んでいる。

愛着があるモノに触れていると、安心感が得られる。同じような感覚は大人にもある。旅先に自分の枕を持っていく人などもそうだろう。ホ

Wise sayings for you
試験に強くなる名言集⑥

自分の好きなものが少しあれば、気分がよくなる。

マリー・ロイド（イギリスの女性歌手）

テルの枕では眠れないので、愛用の枕をわざわざ持参する。

受験生にとってのそれは、「思い入れのある参考書」や「使い込んだノート」などだ。不安で寝つけない人は、それらで復習してみるとい い。「不安撃退」と「記憶強化」の一石二鳥の効用がある。

〝愛着グッズ〟を試験場に持ち込む

使い込んだ参考書は、もちろん試験会場にも持ち込む。試験開始までの時間や休み時間はそれで復習をする。復習に没頭していれば、余計な不安や邪念を振り払うことができる。

地方から東京などに受験に行く人は、各科目で一冊、一番思い入れのある参考書をセレクトして、泊まるホテルに宅配便で送っておこう。その際、自分の部屋の〝愛着グッズ〟も一緒に詰め込んでおく。

ぬいぐるみ、爪切り、フィギュア、目覚まし時計……。愛着があるモノならなんでもかまわない。愛用の抱き枕は安眠対策にも効果的だ。

小さいものならカバンに入れて試験会場に持ち込む。それを触ったり眺めたりしているだけで不安が和らぎ、気持ちが落ち着く。

9

試験場の受験生の中から、〝半年後の恋人〟を探し出せ！

――よりリアルな成功イメージを描く

●「合格して喜ぶ自分」のイメージ!?

ビジネス書や自己啓発の本では、よく「自分が成功している姿をイメージせよ」と書かれている。確かに、成功イメージを持つことで気持ちがポジティブになり、やる気や集中力が増す。

これは受験生でも同じだ。ただ、「自分が合格して喜んでいる姿をイメージしろ」と言われても現実感がなく、気持ちがプラスになったように感じないこともあるだろう。

そういうときは、想像ではなく〝妄想《もうそう》〟でいいから、もっと具体的な欲望や願望を思い描いてみてほしい。

たとえば、試験会場に入ったら、パーティや合コンをしている気分で〝気になる人〟〝魅力的な人〟を探し、空想にふけってみる。「一緒に受かって同じサークルに入る」「デートに誘ってオッケーをもらう」「部屋に招いて一緒にDVDを観る」……

〝ポジティブな妄想〟でバッテリーチャージ！

成功イメージは、具体的であればあるほど、リアルであればあるほど強く心に刻み込まれる。

「試験に受かった自分」を想像するよりも、目の前の魅力的な人を見てポジティブな妄想を膨らませる。そのほうが、より具体的でリアルな「成功する自分」を思い描ける。

それによって、目標達成への熱意とパワーが充満し、同時に不安や緊張、焦りなどのマイナスの気分が打ち消される。

試験会場の雰囲気に飲み込まれそうなときは、自分の好みの人を探し出してみよう。そして、一緒に合格して付き合う姿をリアルに思い浮かべる。〝ポジティブな妄想〟はバッテリーチャージャーだ。

10
眠れないときは、無理に寝ようとしない
――試験前日の安眠対策

●睡眠時間よりも〝気分〟のほうが重要！

普段から寝つきの悪い人は、試験の前日にちゃんと眠れるかどうか心配だろう。しかし、神経質になりすぎてはいけない。

「眠れなかったらダメだ」「寝不足だと頭が働かない」……。こうした〝マイナスの思い込み〟にとらわれると、気分が落ち込んで本当に調子が悪くなってしまうので注意しよう。

実際には、睡眠不足が直接的な原因ではなく、「寝不足でスッキリしない」「こんな状態で試験を受けたくない」という不快な気分が、脳の活動を弱らせてしまうことが圧倒的に多い。

Items for the best performance
試験に強くなるアイテム②

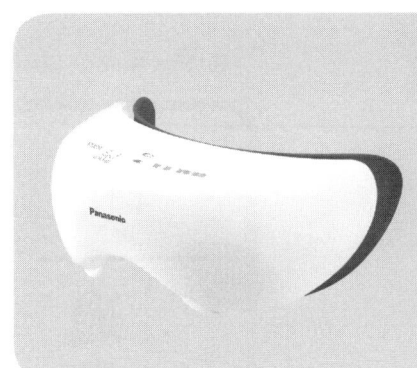

目もとエステ
パナソニック EH-SW51/52

温スチームとリズムタッチでめもとをケアする。
心地よい眠りに導く効果も。

逆に言うと、どんなに睡眠不足でも「問題なし。むしろこのくらいのほうが自分は実力を出せる！」と〝プラスの気分〟でとらえれば、睡眠時間に関係なく、脳はきちんと働いてくれる。

●「眠れなくても大丈夫」と自信を持って寝る！

人間の脳の活動は、気分によって左右される。ベッドに入ってもなかなか寝つけないときは、「早く寝ないとダメだ」ではなく、「一晩くらい寝なくても大丈夫」と楽観的に考えよう。

実際、眠れなくても、静かに体を横にしているだけで頭の疲れは取れる。寝不足でも頭はちゃんと働く。眠れないということは、それだけ頭が覚醒し、〝戦闘モード〟になっている証拠でもある。

試験の1か月前から規則正しい生活リズムをつくっておけば、寝る時間になれば自然に眠くなってくる。体内時計には逆らえない。

「眠ろう、眠ろう」と焦るから余計に眠れない。「眠らなくても平気」「よし、起きて復習でもするか」くらいに思っていると、自然に睡魔が襲ってきて寝てしまう。人間なんてそんなものだ。

11

過去問を〝瞬殺〟できるように！

――志望校を〝お得意さん〟にする

●弱点や実力不足は〝戦術〟で補って勝つ！

直前期は、志望校の過去問を徹底的にやり込む。どのくらいやればいいのか？「問題を見た瞬間に答えが浮かぶ」までだ。

多くの受験生は、本番の2～3週間前になってから、過去問を〝力試し〟のつもりで解き、「まだまだ実力不足」「このままでは危ない」と危機感を持つだけで終わる。しかし、これでは足りない。

過去問は、スポーツにたとえると〝対戦相手の試合ビデオ〟のようなものだ。サッカーでも野球でも、次の対戦相手のビデオをくり返し観て長所や弱点を分析し、勝つための戦略を立てる。

Items for the best performance
試験に強くなるアイテム③

『赤本の使い方——赤本を制したものが受験を制す!』(ブックマン社)

過去問の徹底分析から合格への最短コースを導く志望校突破の“バイブル本”。

実力不足や選手層の薄さは戦術で補って勝つ。これこそがプロだ。キミたちも、過去問をやり込むことで〝受験のプロ〟になれる。

●「敵を飲んでかかる」余裕と自信を築く

入試問題は、学校によって独自の傾向やクセがある。過去問をやり込むことでそれを完全に把握し、どんな問題が出てきても「ああ、また同じような攻め方できたな」と思えるようにする。

過去問を〝瞬殺〟できるまで徹底的にやり込むのは、それが最大の目的である。学力的には「志望校向きの実力」を完成させること、心理的には「敵を飲んでかかる」余裕と自信をつくることが目標だ。

余裕で合格ラインを超えられる優等生を除いて、実力的に「ちょっと厳しいかな」という受験生は、ひたすら過去問を解きまくろう。

「過去問を見た瞬間に答えが浮かぶ」ようになれば、その志望校はもうキミの〝お得意さん〟だ。過去問をやり込むことで、〝敵〟を丸裸にする。合格への突破口を見つけて、そこをガンガン攻める。

過去問を制する者が志望校を制す！　受験の極意中の極意だ。

Wise sayings for you

試験に強くなる名言集⑦

人は、できると思い始めたとき、実に並はずれた能力を発揮する。人は、自分の力を信じるとき、成功の一番の秘訣を手にする。

ノーマン・ヴィンセント・ピール（牧師・作家）

CHAPTER 2

「切り替え力」でパフォーマンスを高める！

試験に強くなる作戦12～22

12

試験の休み時間には、絶対に答え合わせをしない

——マイナス思考を遮断する

●クヨクヨしても結果は変わらない！

終了のベルが鳴って答案用紙が回収され、次の試験の時刻まで休み時間に入る。ここで必ずといっていいほどお目にかかれるのが、数人の仲間が集まってあちこちで始まる〝検討会〟だ。

「正解は○○でしょ？」「おっ、合っていた」「あちゃー、間違えた」「模試に同じ問題が出てたよ」「うっそ〜！」

ひとりでいると、思わず耳をそばだててしまう。聞きながら自分の答案が不安になり、参考書で確認してみる。自分が間違えたことに気づいてへこむ……。これは休み時間の最悪の過ごし方だ。

失敗したことをクヨクヨ悩んでみても、終わった試験の点数は変わらない。暗い気持ちを引きずったまま次の試験に臨めば、気力も集中力も大幅にダウンし、解けるはずの問題まで落としてしまう。

●イヤホンで〝雑音〟をシャットアウト

一流のスポーツ選手は気持ちの切り替え方がうまい。ミスをしても、自分の感情を上手にコントロールして、常に最高のパフォーマンスを発揮できるように日頃から訓練をしている。受験生も見習おう。

といっても、特別のトレーニングは不要だ。「過ぎたことは忘れ、次の試験に向けて最善を尽くす」。たったこれだけでいい。

周囲の受験生の話がイヤでも聞こえてくるなら、音楽プレーヤーのイヤホンを耳に突っ込んで〝雑音〟をシャットアウト。あるいは、次の科目の参考書を持って教室の外に出てもいい。

休み時間は、疲れた頭や体を休め、次の試験に向けて気力と集中力を高めていくための貴重な〝ハーフタイム〟だ。ここでの過ごし方が上手《うま》いか下手《へた》かが、全体の結果に大きな影響を及ぼす。

●「よし、完了！」と声に出してリセット

気持ちの切り替え方には、いろいろな方法がある。

一番いいのは、次の試験に備えて参考書の復習に没頭することだ。休み時間にたまたま復習していたページの問題が出て「ラッキー」、という話はけっこうよく聞く。

前の試験の疲れが残っている人は、教室の外で軽い散歩やストレッチ運動をしてみるといい。軽い運動によって緊張した筋肉をほぐし、血行をよくすることで、気持ちがリフレッシュする。

もうひとつお勧めなのが、気持ちをリセットする〝スイッチ〟をいくつか用意しておくことだ。

ある日本人の元大リーガー投手は、ベンチの中からグラウンドのある一点をじっと見つめることで気持ちを切り替え、集中力を高めていたという。これは受験会場でも使えそうだ。

前の試験のことばかり気になるときは、「よし、完了！」と声に出してつぶやくのも〝スイッチ〟になる。「これ以上考えてもムダ」ということを言い聞かせ、ネガティブな思考の流れを断ち切るのだ。

Wise sayings for you

試験に強くなる名言集⑧

戦《いくさ》に勝るかどうかと兵力は
必ずしも比例しない。
比例するかそうでないかは戦術、
つまり自身にかかっているのだ。

織田信長（戦国武将）

Tactics for success

13

"撤収"するまでの時間を決めておく

――「見切り千両」で被害を防ぐ

●制限時間の"配分比率"が合否を左右する！

「見切り千両」という言葉がある。所有する株の値が下がっているとき、値が戻ることを期待して所有し続けるより、損を覚悟で早めに売り払うほうが結果的には得をする、という意味である。

株をやらないキミたちにはピンとこないだろうが、試験本番では、この「見切り千両」を思い出してほしい。

早い話が、「一見解けそうだが、いざ手をつけてみるとやっかいな問題」に当たったとき、なるべく早めに見切って別の問題に移ったほうがいい、ということだ。

Wise sayings for you

試験に強くなる名言集⑨

成功の見込みがなかったら速く見切りをつけ、撤退しながら次のプランを考える。

上野和典（経営者）

「もうちょっと考えれば解けるかもしれない」と粘って時間を使いすぎると、確実に解ける問題を残してしまったり、時間不足で焦ってミスをしたりと、踏んだり蹴ったりの結果を招きかねない。

試験本番では、制限時間の〝配分比率〟が決定的に重要なのだ。

●解答時間と撤収時間を先に決めて解く

試験が始まったら、まず、すべての問題にざっと目を通す。このとき、大問ごとに解答時間の目安を記入する。

さらに、行き詰まったときにどのタイミングで〝撤収《てっしゅう》〟するか、その目安となる時間も合わせて書き込んでおこう。

たとえば、「20分（解答時間）・5分（撤収時間）」なら、「20分以内に解くことを目標にするが、5分考えて解答の道筋が見えなければ、あきらめて別の問題に移る」といった具合である。

ただ、ぶっつけ本番でやってもダメだ。直前期の過去問演習からしっかり実践して、「解答時間の見積もり力」と「見切り力」の両方を鍛えよう。本番戦術の極意のひとつだ。

14 集中力が落ちてきたときの10秒間ストレッチ体操

――本番に強くなるフィジカルケア

●上手に体をほぐせば、頭もシャキッ！

試験本番では頭を酷使《こくし》するが、体にも相当なストレスがかかる。ただ、試験に集中しているときは、体への負担や疲労に気づきにくい。

試験中、ため息が続けざまに出る、首のあたりが重く感じる……。脳の血流が悪くなり、集中力が落ちてきた証拠である。そんなときは、硬くなった首や肩の筋肉を解きほぐして血行をよくしてやると、体がラクになり、頭もシャキッとする。

知人の信頼できるカイロプラクターから、座ってできる簡単なストレッチを教えてもらったので紹介しておこう。

図解！ 試験に強くなる簡単ストレッチ

●首・肩を解きほぐす

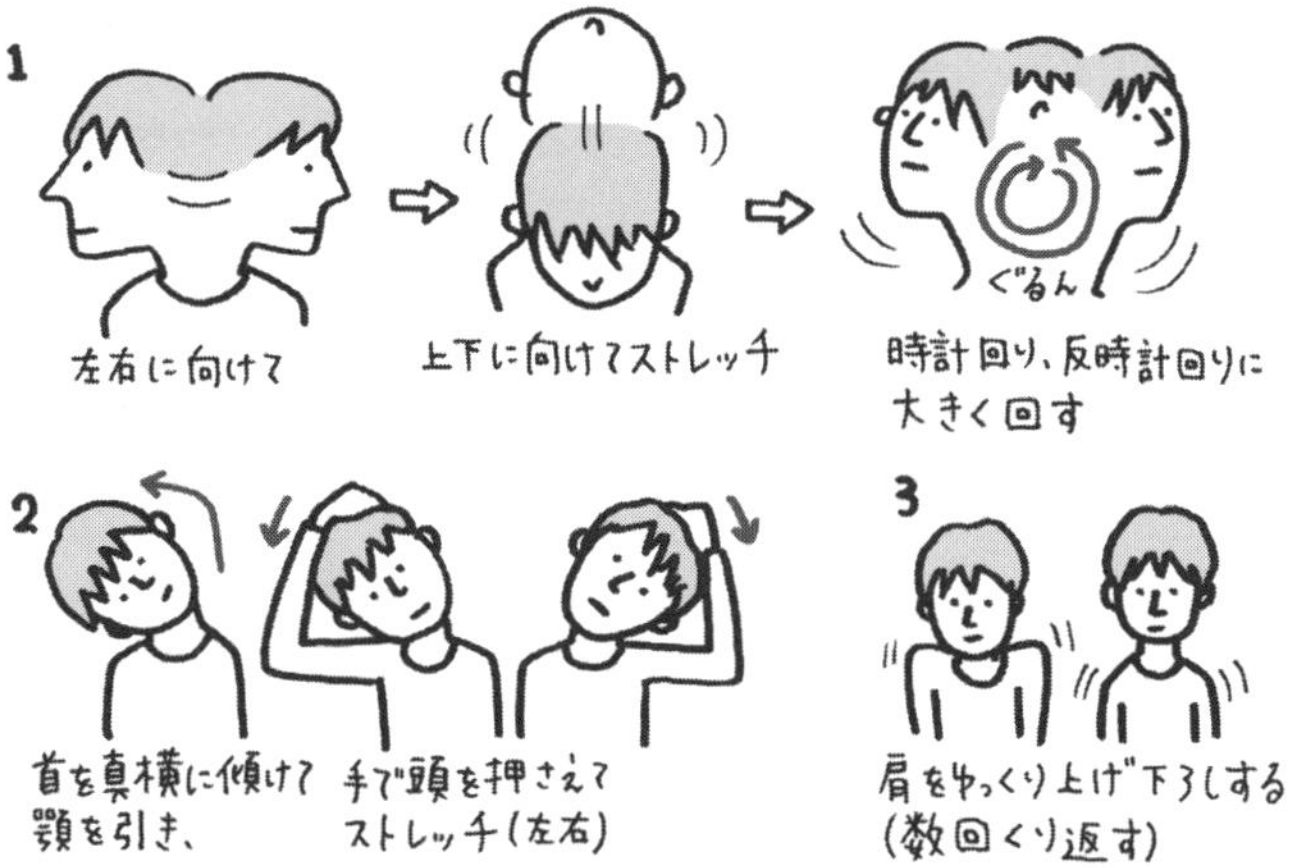
1
左右に向けて
上下に向けてストレッチ
ぐるん
時計回り、反時計回りに
大きく回す
2
首を真横に傾けて
顎を引き、
手で頭を押さえて
ストレッチ（左右）
3
肩をゆっくり上げ下ろしする
（数回くり返す）

●手と脳の神経を刺激する

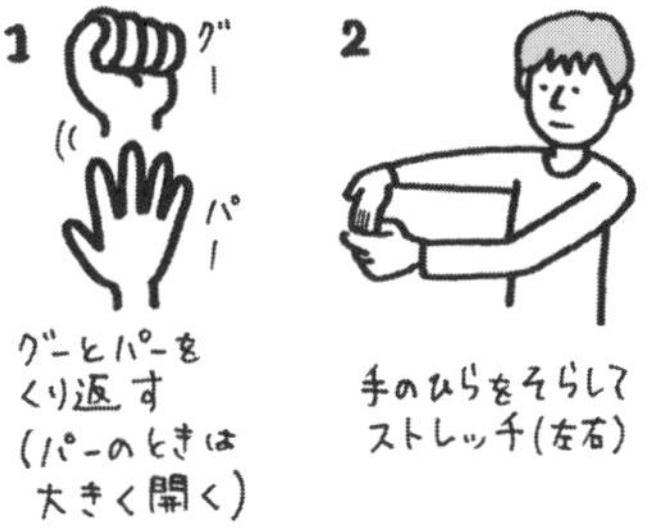
1
グー
パー
グーとパーを
くり返す
（パーのときは
大きく開く）
2
手のひらをそらして
ストレッチ（左右）

●目の疲れを取って脳を活性化する

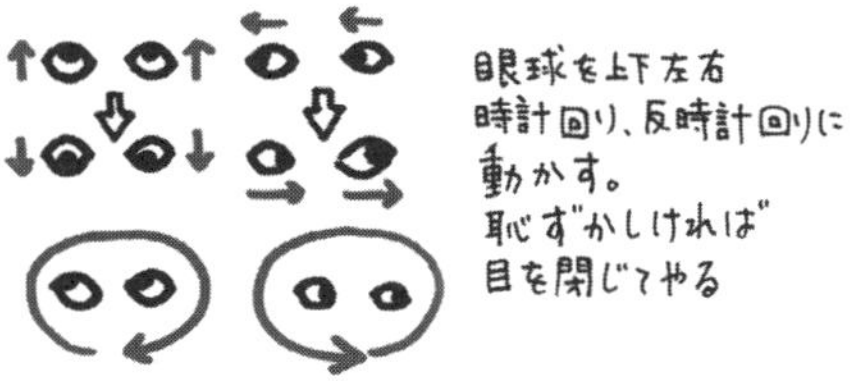
眼球を上下左右
時計回り、反時計回りに
動かす。
恥ずかしければ
目を閉じてやる

●深呼吸で脳に酸素を送り込む

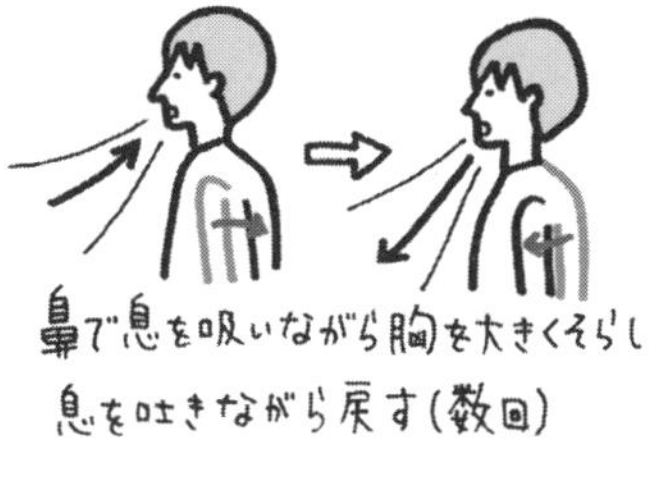
鼻で息を吸いながら胸を大きくそらし
息を吐きながら戻す（数回）

●顔を叩いて脳をリフレッシュ！

パン
パン
お相撲さんがやるように
顔を両手で軽くパンパン叩く

監修：原田勇人（エルカイロプラクティック川崎）

15

デキが悪くてもへこむ必要なし！

――難易度より合格最低点が重要

●難しく感じる問題は、どの受験生も同じ！

直前期に過去問をやり込んでおくと、本番での難易度もほぼ予測できる。「例年通り」「例年より易化」「例年より難化」の3パターンをあらかじめ想定しておきたい。

「例年通り」や「例年より易化」なら、落ち着いて試験を受けることができるだろう。ただ、「例年より難化」の場合は、事前に想定していても、パニクってしまうことがあるので注意したい。

特に数学では、難度が上がったために一題も完答できずに終わることがあるかもしれない。ショックで落ち込みそうになるが、ここは「切り

Wise sayings for you

試験に強くなる名言集⑩

最後まで…希望を捨てちゃいかん あきらめたらそこで試合終了だよ

井上雄彦

『SLAM DUNK』(集英社)より

替え力」で自分を立て直してほしい。

「自分が難しく感じる問題は、他の受験生も同じはず」「完答できない受験生が続出するだろう」「と言うことは、この試験ではあまり差がつかない」「よし、次の科目からが本当の勝負だ!」と。

●「不本意なデキ」でも受かるのが入試

多くの受験生は「問題が難しい」→「解けない」→「受からない」という連想を働かせてしまう。しかし、これは間違っている。

前年より問題が難しくなれば、当然、合格最低点は下がる。自分の失点は増えるが、合格最低点も低いので「デキが悪かった」と思っていても、ちゃんと合格しているケースが多い。

これまでしっかり受験勉強をやってきた人にとっては、むしろ問題の難化は喜んでいい。実力がそのまま結果に反映されやすいからだ。

ちなみに、問題が易化すると、受験生の間での点差が思ったほど広がらず、ボーダー付近では一気に〝混戦模様〟の団子レースになる。一発逆転を狙う受験生にとってはチャンス到来だ!

16

異なるタイプの問題を〝頭の切り替え〟に活用！

――解きながら脳をリフレッシュ

●「時間のかかりそうな問題」は後に回す

直前期の過去問演習では、時間配分や問題を解く順番など、自分なりの〝本番戦術〟をある程度固めておく。ただ、本番では、それをキッチリ守る必要はなく、臨機応変に対応しよう。

たとえば、最初に解くと決めておいた大問が、いざ取り組んでみると意外に手こずって時間がかかりそうなことがある。その場合は、区切りのいいところで中断して後回しにする。

あるいは、予定時間をオーバーしていても、もうすこしで正解が出そうなときは、時間を気にせず解き切ることに集中する。解き終わった

Wise sayings for you
試験に強くなる名言集⑪

必要以上の追求は事態を悪化させる。

エリヤフ・M・ゴールドラット（経営コンサルタント）
『何が、会社の目的を妨げるのか』（ダイヤモンド社）より

ら、その時点で残った問題の時間配分を修正すればいい。

あらかじめ決めた戦術に固執しすぎると、その通りにいかなかったときに動揺して思考が乱れる。戦術をおおまかに描いた上で、状況に合わせて修正する「切り替え力」も過去問演習で養っておこう。

●タイプの違う問題を解いて脳を活性化！

頭の働きを常にベストの状態に保つために、ときどき脳にも気分転換をさせたい。疲れてきた脳にも〝ストレッチ体操〟が必要だ。

たとえば、単調な計算問題ばかり解いていると、次第に集中力が落ちてくる。長文問題ばかり解いていると、飽きがきて意欲が減退する。

そこで、計算問題の合間に図形や関数の問題を解く、あるいは長文問題が続くときは、文法や英作文の問題を間に挟むなどの工夫をする。

脳にタイプの違う刺激を与えて活性化させ、高いレベルの集中力を保つのが目的である。白米だけ食べ続けると飽きるので、途中で漬け物やキンピラに手を伸ばすのと同じ理屈だ。

休憩を取らずに脳をリフレッシュする技術、ぜひ実践してほしい。

17 昼休みの過ごし方を考えておけ！

——自分なりの気分転換法を見つける

●昼休み前半は、栄養補給と気分転換

午前中の試験が終わると、午後の試験開始時刻まで、少し長めの昼休みに入る。大学によっては、2時間近く間が空くこともある。

昼休み前半は、「栄養補給」と「気分転換」がテーマだ。

まずは昼食。大学の学食や学外の食堂などは、どこも混雑が予想される。お弁当を持って行かない人は、昼休みになったら食堂にダッシュして人よりも早く昼食にありつく。

昼食を食べて眠くなったら、20分程度の仮眠を取る。この程度の睡眠でも頭の疲れが取れてシャキッとする。散歩や体操で体をほぐすのもい

Items for the best performance
試験に強くなるアイテム④

クツワ　風呂単（ふろたん）

お風呂で使える暗記カード。濡らすと壁に貼れる。直前期は寸暇を惜しんで。

い気分転換になる。好きなマンガや小説などを読むのも、体と頭のよいメンテナンスとなる。

●昼休み後半で、ふたたび〝戦闘モード〟に

栄養補給と気分転換をすませたら、昼休み後半は、午後の試験に向けて気力と集中力を高めていく。

まずはコーヒーや栄養ドリンクを飲んで気合いを入れる。コーヒーなどに含まれるカフェインには覚醒作用があるが、脳に作用するまでに30分ほどかかるので、午後の試験の30分ほど前に飲むといい。

あとは、午後の試験に備えて、持参した参考書で重要ポイントを総復習する。問題集を復習するときは、一題3分程度のスピードで、サクサクと頭の中で解いていく。

「ここは絶対に出る！」と強く念じながら復習すると、本当に的中することがある。合格者からよく聞く話である。

と、これは昼休みの過ごし方の一例だ。参考にしてもらっていいので、キミたちも自分なりの過ごし方を事前に考えておこう！

18

試験が終わった帰り道から、次の大学の過去問を解く！

——過ぎたことはキッパリ忘れる

●終わった試験のことは二度と考えない！

最初の試験での失敗を引きずって、以降の試験から〝連敗街道〟を突き進む。シーズン前半で気力と体力を使い果たし、後半の本命校の試験をボロボロの状態で受ける……

併願校を多めに受ける受験生にとって、1月、2月の試験シーズンは過酷なスケジュールになる。体調管理はもとより、安定した精神状態を保つセルフケアが欠かせない。

ここでも重要になるのが「切り替え力」だ。

終わった試験のことはキッパリ忘れよう。その日の試験が終わった瞬

間から頭を切り替え、次の試験に向けて体と頭のコンディションを整えるように心がけてほしい。

●問題冊子は、すべての試験が終わるまで封印！

そこで実践してほしいことがふたつある。

ひとつは、試験会場に持ち込む参考書リストの中に、次に受ける大学の過去問集を加えておくこと。そして、試験が終わった帰り道から、すぐさま過去問研究に取り組む。

これは、次の大学の試験に意識を向けることで、「終わった試験のことを思い出さないようにする」のが目的でもある。

もうひとつは、持ち帰った問題冊子はすべての試験が終わるまで、目の届かないところに〝封印〟しておくことだ。

今日の結果を自己採点してみたい気持ちは、わからなくもない。しかし、自己採点はアテにならないし、ミスや間違いに気づいて暗い気持ちになれば、次の試験に悪い影響を及ぼす。

採点は大学に任せ、「次の試験」だけに集中して前に進もう！

19

本命の大学・学部の試験に自分のピークを合わせる！

――〝短期決戦〟の戦術と心得

●日程によっては、あえて〝捨て試験〟をつくる

併願校や併願学部が複数ある場合、3日連続で試験を受けに行く、1週間で6回試験を受けるなど、かなりハードなスケジュールになることもある。気持ちとしては「全部受かるつもり」で臨みたい。

ただ、現実問題として、すべての試験で最高の結果を出せるかというと、そうそう思い通りにはいかない。打率3割の強打者でも、10回に7回は〝失敗〟しているのだ。

大切なのは「ここぞ！」というとき、試験では本命校の試験で確実にヒットを飛ばすことだ。そのために、日程によってはあえて〝捨て試

早稲田大学・学内併願スケジュール例

学部	試験日	気合い度	目標・注意点
文化構想	2月12日	○	雰囲気に慣れる。難問が少ないのでひょっとすると…
国際教養	2月13日	×	相性悪し。日本史を気持ちよく解こう。翌日は休み。
法	2月15日	◎	前半の山場！ 英語と現代文で踏ん張って勝機を！
文	2月17日	×	ふらっと受けにいく感じで気楽に。後半に向けた調整。
教育	2月19日	◎	中盤の山場！ 集中力をピークに。得意分野で稼ぐ！
政治経済	2月20日	△	高得点が必要で相性は悪い。ちょっとひと休み。
商	2月21日	○	翌日に向けて意識を高めていく。国語が勝負どころ！
社会科学	2月22日	◎	心技体ベストで！ 国語と日本史で粘りまくる！

（注）試験日は実際とは異なる。

合〟ならぬ〝捨て試験〟をつくるのも戦術のひとつである。

もちろん、わざと負けるわけではない。本命の大学・学部の試験日に自分のピークを合わせるのが目的だ。

●試験ごとに〝目標〟と〝気合い度〟を書き出す

「この日は〝試験慣れ〟をつくるつもりで気楽に」「この大学は本命校の問題傾向と似ているので気合いを入れて」「この日に集中力のピークを持っていく」……

日程が確定したら、〝自分なりの目標〟と〝気合い度〟をスケジュール帳に書き出してみよう。〝気合い度〟は、×（気楽に）、△（力試し）、○（高レベル）、◎（ピーク）のように記号化して表す。

上に示したのは、早稲田大学の学内併願を想定し、試験問題との相性や得意・不得意を考慮して作成したスケジュール表の例である。〝気合い度〟にメリハリをつけ、本命学部にピークを合わせている。

試験に〝全戦全勝〟は必要ない。「二勝三敗」「一勝五敗」でも、本命で一勝さえできれば〝ヒーローインタビュー〟が待っている！

20

わからない問題でも、書けるだけ書いて次へ！

――気力・集中力のレベルを保つ

●苦しまぎれの解答でも、書かないよりマシ！

試験本番では、必ず「わからない問題」や「解けない問題」が出てくる。これはあらかじめ覚悟しておく。

ただし、わからないからといって、解答欄を空白にして次の問題に移るのは絶対にやめよう。

〝空白の解答欄〟が目に入ると、どうしても気持ちが萎《な》えてくる。自信がなくなってくる。「次の問題も解けないかもしれない」と、ネガティブな気持ちを引きずってしまう。

とにかく、わからなくても解答欄には何か書く。どんなに苦しまぎれ

Wise sayings for you

試験に強くなる名言集⑫

**あきらめるのは簡単だ! しかしその前に!
今まで自分たちが築き上げてきたものを信じて
とにかく最後まで戦ってみろ!**

森田まさのり

『ROOKIES』(集英社)より

の解答でもトンチンカンな解答でも、「解答欄を埋める」ことでマイナス思考を断ち切り、気持ちを切り替えることができる。

〝悪あがき〟をみっともないと思うな!

たとえば、数学ならとりあえず図だけは描いておく。解き方の方針を書いて「ここから先の計算がわかりませんでした」と記入してもかまわない。実際、それで部分点をもらっている合格者もいる。

何も書かなければ確実に0点だが、何か書いてあれば1点でも2点でももらえる可能性がある。

試験では満点を取る必要はない。合格最低点を1点でも上回れば合格する。その「1点」をどこでゲットできるか、あるいはどこで失うか、試験を受けている受験生にはわからない。

だからこそ、試験中は「1点」にこだわろう。〝悪あがき〟でもいいから、とにかく解答欄には何か書く。この「1点への執念」が、マイナス思考を断ち切り、気力と集中力を保つエネルギー源になる。

〝悪あがき〟はむしろカッコいい!

Tactics for success

21

集中モードに切り替える〝儀式〟を習慣化しておく

――スタートダッシュの技術

●気持ちの〝切り替え点〟を儀式化する

集中力が出てくるまで、気分が乗ってくるまでに時間がかかる人がいる。いわゆる〝スロースターター〟である。

しかし、本番では、試験開始の合図の直後に、気力と集中力を全開にしなければならない。スタートダッシュで勢いに乗れるかどうかが、ひとつの勝負どころだ。

陸上の短距離走では、スタート位置につく前に、手足をブルブル振ったり、首をクルクル回したり、目をつぶって瞑想《めいそう》したりと、選手によって決まった〝しぐさ〟が見られる。

Wise sayings for you

試験に強くなる名言集⑬

繰り返し行っている事が、われわれ人間の本質である。ゆえに優秀さとはひとつの行為ではなく、習慣によって決まる。

アリストテレス（古代ギリシアの哲学者）

これは、気持ちを戦闘モードに切り替える〝儀式〟のようなものと考えていい。受験生もマネしてみる価値があるだろう。

●習慣化した〝儀式〟が本番で威力を発揮！

「エンピツを5本削って縦に並べる」「首と腕のストレッチ運動を2回ずつ」「天井の一点を見つめて3回深呼吸する」……

スタート前の〝儀式〟は、どんなものでもかまわない。大切なのは、普段の勉強から自分なりの〝儀式〟を執《と》り行い、気持ちを集中モードに切り替える習慣をつくっておくことだ。

習慣化されたことは、それをやらないと気持ちが悪い。「寝る前に歯を磨かないと気持ち悪くて眠れない気がする」。歯磨きが習慣化している証拠であり、歯磨きという〝儀式〟が眠る態勢を整える。

勉強前の〝儀式〟もこれと同じだ。それをすることで、自然に気持ちが切り替わってくれる。ただでさえ緊張する試験本番では、不安を抑えて気持ちを落ち着かせる効果もある。

試験開始、スタートダッシュで先頭に躍り出よう！

22

〝安全校〟の合格通知は、「なかったもの」と考える

——戦意を失わない心理術

●〝安全校〟の合否結果が出たら……

試験期間中、本命校の試験はこれからだが、最初に受けた〝安全校〟の合否結果が出ることがある。

残念ながら不合格でも、弱気にならないように気持ちをコントロールしよう。「もともと、受かっても行くつもりがなかった」でいい。キッパリ忘れて、本命校の試験に向けて最善を尽くす。

合格した場合は、精神的に余裕ができて、本命校の試験に向けて勢いがつく。ただし、「これで本命校に落ちても、どうにか浪人しないですむ」と〝後ろ向き〟の考え方はしないように。

なぜ〝後ろ向き〟かと言うと、「これで本命校に落ちても大丈夫」と、落ちることを想定しているからだ。

●「背水の陣」で本命校の試験に臨む

「一応は受けるけど、きっとココに入るんだろうな」「もう疲れたから、この大学に決めてしまおうかな」

〝後ろ向き〟の考え方は、気持ちに迷いを生じさせる。「何がなんでも本命校に受かる!」という強い意欲が薄れてくる。そうなったとき、もう一度闘志を奮い立たせる気持ちの切り替えが必要だ。

「合格通知はこなかった」「大学側の手違いで合格通知が届いてしまった」「実は、あの大学は受けていなかった」……。そう思い込むことで、緩みかけていた緊張の糸をもう一度ピンと張り直す。

もっと過激な方法がある。届いた合格通知を、家族の目の前で破り捨ててしまうのだ。本命校に賭ける決意と覚悟を行動で示し、みずから「背水の陣」を敷いて気持ちを奮い立たせる。

ちなみに、合格通知を紛失しても、合格取り消しにはならない。

Wise sayings for you

試験に強くなる名言集⑭

世の中には
結果より努力が大事って考え方もあるが
指導者にも生徒にも　それは本当は苦しいんだ
「がんばった」も「きつかった」も
風のように流れていってしまう
「結果」は石なんだ「がんばった」を
留めておいてくれる石

末次由紀『ちはやふる』（講談社）より

CHAPTER 3

「上から力」で精神的優位に立つ！

試験に強くなる作戦23〜33

23

〝優越意識〟で敵を飲み、〝上から目線〟で視野を広げる

――心の余裕を生み出す

●会場に入ったら「落ちそうな受験生」を探せ！

試験会場に到着する。周囲の受験生を見渡すと、みんな自分よりも賢そうに見える。有名な進学校の生徒たちが集まって、余裕の表情で雑談している。「ああ、彼らには勝てっこない」……

戦う前から気持ちで負けている。気持ちが萎縮《いしゅく》すると、思考も萎縮して実力を発揮できない。これでは「戦わずして負け」である。

本番では〝強気の自分〟を押し出す。気が弱い人も、この日だけは〝強気の自分〟を演じる。「自分が一番！」とまでは思わなくても、周囲を見下す余裕とふてぶてしさを持つ。試験は〝心理戦〟だ。

試験教室に入ったら、まず〝落ちそうな受験生〟を探そう。オドオドしたやつ、チャラいやつ、アホっぽいやつ……

そんな彼らを見ていると、「こいつらに負けるはずがない」と思えてくる。心理的優位に立つことで心に余裕が生まれる。

●あわてず、ひと呼吸置いて問題冊子を開く

試験開始の合図と同時に、問題冊子を開く音が一斉に聞こえてくる。みんな焦っている証拠だ。ここでも、ちょっとした余裕を見せよう。ひと呼吸置いてから、問題冊子をゆっくり開くのだ。

心は動作に現れる。怒りっぽいときは動作も乱暴になる。気持ちが焦っていると、動作にも落ち着きがない。逆に、人間の動作は心に影響を与える。ゆったりした動作は、心もゆったりさせる。

行動と心は密接につながっている。問題冊子をゆっくり、落ち着いて開く動作が、心に落ち着きを与えてくれる。心が落ち着くと物事がよく見えるようになり、問題文を正確に読み取ることができる。

試験開始から数分の間に、すでに優劣がついている。

●「上から力」が試験本番でもたらす効用

精神的優位に立つことは、心の余裕や自信を生み出す。余裕や自信があることで、物事がよく見えるようになる。

「優越意識」「上から目線」という言葉は、普段は悪い意味で使われる。鼻持ちならないエリート意識、人を見下す傲慢《ごうまん》な態度……。しかし、試験本番では、こうした「上から力」が欠かせない。

「優越意識」は自信につながる。その自信に根拠がなくてもかまわない。自信を失って気持ちで負けるよりずっとマシだ。「自分は人よりデキる！」と思い込むことで、気分よく試験に臨める。

「優越意識」と並ぶ「上から目線」は、文字通り「上から物事を見る視線」と考える。上空からの視点、イーグル・アイ（鷲の眼）を持つことで視野がぐんと広がり、全体を客観的に把握できるようになる。

細部にとらわれて全体が見えなくなる〝視野の狭さ〟は、本番では致命傷になりかねない。問題文の読み違い、つまらない勘違いやミスなどのほとんどは、〝視野の狭さ〟が原因である。

「上から力」は、余裕と自信、そして〝視野の広さ〟をもたらす。

Wise sayings for you

試験に強くなる名言集⑮

「勝兵は先《ま》ず勝ちて、しかる後、闘いを求むるなり」（孫子）

どんな闘いも心理戦である。精神的優位に立ってはじめて勝ちを収めることができる。

森祇晶（プロ野球元監督）
『監督の条件 決断の法則』（講談社）より

24

いち早く教室に入って〝縄張り〟を確保する！

――気後れせずに試験を受ける

●〝縄張り争い〟によるストレス

混んでいる電車の座席に、どうにか座れそうな空きがある。「すみません」と詰めてもらって座るが、なんとなく肩身が狭い。隣の人は平然と脚を開いている。自分は窮屈《きゅうくつ》な思いをしながら我慢をする。

動物の多くは自分の縄張りをつくって生活するが、人間にも〝縄張り意識〟がある。縄張りがあることで安心し、侵入者を排除しようとする。〝新参者《しんざんもの》〟は常に肩身の狭い思いをする。

たとえば、試験教室に入って自分の席を見つける。隣には知らない受験生がすでに座っている。彼の荷物は長机の上の広い面積を占領し、そ

Wise sayings for you
試験に強くなる名言集⑯

先んずれば則ち人を制し、後るれば則ち人の制する所と為る。

『史記』(中国の歴史書)より

の一部は自分側の机の領域にはみ出している。

自分の〝縄張り〟が侵されているようで気分が悪い。注意したいが、肩身の狭い〝新参者〟なので我慢する。試験では、こんなちょっとしたことがストレスとなり、集中力を落とすこともある。

●誰よりも早く会場に入り、いち早く席を確保!

縄張りは、先にそれを確保した者が精神的優位に立つ。試験教室で先に座っている受験生は、さも、この一帯は自分の〝領地〟とばかりに、持ち物やカバンを好き勝手に置いて〝縄張りの主張〟をする。

あとから隣に座った受験生は、それを見てちょっと萎縮する。試験中も、何となく隣が気になって集中できない……

だったら、早めに家や宿泊ホテルを出て、誰よりも早く試験会場に着けばいい。開門と同時に、早足で試験教室を目指す。

教室に入ったら、いち早く自分の席に座って〝縄張り〟を確保する。これだけのことで、気持ちに余裕が生まれる。少なくとも肩身の狭い思いをしなくてすむ。

25

イライラしたら周囲を見渡そう！

——〝本来の自分〟を取り戻す

〝受験生ウォッチング〟で自分を取り戻す

人間は、集中すると周囲のことが気にならなくなる。隣の受験生のエンピツの音も、後ろの席の受験生の鼻をすする音も、まったく気にならずに問題に没頭する。これが、試験中での理想的な状態だ。

逆に、疲れて集中力が落ちてきたときは、イライラして周囲のことが気になり始める。隣のエンピツの音も後ろの鼻をすする音も、わざとやっているんじゃないかと怒りさえ覚える……

しかし、周囲の受験生を敵視しても、気持ちは落ち着かない。余計に気になって神経がピリピリするだけだ。

Wise sayings for you

試験に強くなる名言集⑰

人に対して感じるあらゆる苛立ちや不快感は自分自身を理解するのに役立つことがある。

カール・グスタフ・ユング（スイスの精神科医・心理学者）

そんなときは、周囲の受験生の様子を、〝試験官〟になったつもりで冷静に観察してみるといい。疲れて苛立《いらだ》ってきたとき、こうした〝受験生ウォッチング〟は本来の自分を取り戻すのに効果がある。

●他人の中に自分を見つけて落ち着く

たとえば、突然エンピツの動きが止まった受験生が「あれ？」という感じで天井を眺めている……。「きっと、自分が勘違いしていたことに気づいたのだろう。自分もよくやるしぐさだ」

貧乏ゆすりを始めた受験生……。「落ち着きのない様子からすると、解ける問題がなくなって焦っているんだろう」

一心不乱にエンピツを走らせ、周囲のことなどまったく気にならない様子の受験生……。「うん、これは見習うべきだ」

教室内の受験生を冷静に観察してみると、「みんな必死で頑張っているんだな」「自分もみんなと同じなんだな」と思えてくる。他の受験生の中に自分を見つけると、イライラが消えて気持ちも落ち着く。「よし、自分も頑張らなくちゃ！」

26

試験開始、最初の30秒ですべての問題に目を通す

——戦術イメージを確認する

●試験開始30秒で〝もう一段上〟に立つ

試験開始の合図。焦って問題冊子を開く周囲を尻目に、ひと呼吸置いてゆっくり問題冊子のページをめくる。これで、他の受験生よりも心の余裕の点で一段上に立つ。

次の30秒では、もう一段上に立とう。何も考えずに番号順に解くのはNG。易しい問題を見つけて解く。これはいい。最初の一問を確実に解いて勢いに乗るのは、試験での鉄則だ（タクティクス4、18ページ）。

ただ、どのみち易しい問題を探すなら、問題冊子を開いて30秒の間に、すべての問題に目を通してしまおう。丁寧に読む必要はない。

Wise sayings for you
試験に強くなる名言集⑱

全体的に思考して、局所的に行動せよ。最小限を行使しつつ、最大限を達成せよ。

バックミンスター・フラー（アメリカの思想家・建築家）

「どういう問題が、どんな順に並んでいるか」「過去の問題と比べて傾向や形式で変わっている点はないか」「苦手分野、得意分野の問題がどこにあるか」などを、30秒間でチェックするのだ。

●全体を把握して事前の戦術をチェック！

全体の問題構成を把握し、最初にそれを頭に入れておくと、試験開始から終了までの〝戦い方のイメージ〟が見えてくる。

直前期の過去問演習で、時間配分や問題の解き順などの戦術確認はできているだろう。しかし、試験本番の緊張感によって、せっかく考えた戦術が頭からスッポリ抜けてしまうかもしれない。

それを防ぐ意味でも、最初にすべての問題を見て、事前の戦術と照らし合わせながら〝戦い方のイメージ〟を思い描く。

また、問題の傾向や形式が変わっていた場合は、事前のシミュレーションが役に立たない。その場合は、戦術の練り直しを迫られることになるが、これも最初の段階でやっておかないと意味がない。

30秒間の〝戦術確認〟は、二重の意味でリスクを減らす。

27

行き詰まったときは、問題文を読み直そう！

——見落とし・勘違いを防ぐ

●余裕がないから問題文を読み違える

入試問題に「解けない問題」はない。どんな問題も、必ず解けるようにできている。解けないのは、突き詰めると「解き方を知らない」か「解き方を思い出せない」かのどちらかである。

ただし、ここにもうひとつ〝落とし穴〟が加わる。

解き方を知っていても、「問題文を正しく読めていない」「設問を読み違えている」「条件などの見落としがある」場合は、どんなに頑張ってもやはり解けない。試験ではこのケースが非常に多い。

問題を解いている途中で行き詰まったとき、まず最初に疑ってほしい

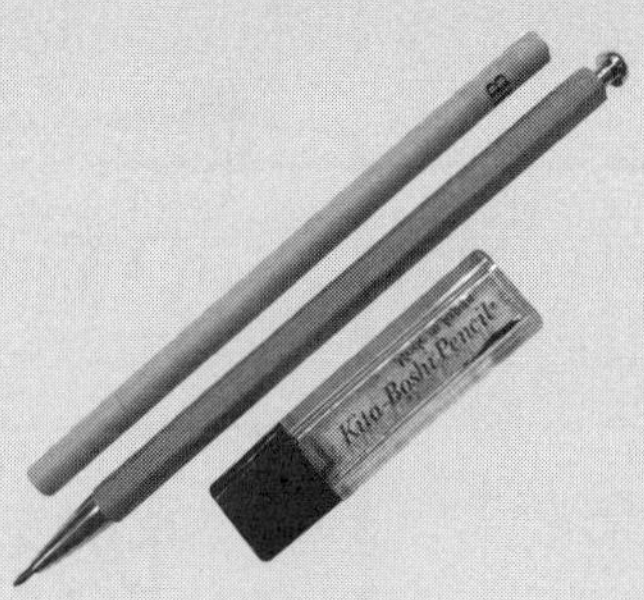

Items for the best performance
試験に強くなるアイテム⑤

「大人の鉛筆」北星鉛筆

滑らかな書き味で手によくフィットする。

マークシート試験での使い勝手も◎。


のが「問題文を正しく読めていない可能性」である。

しかし、焦って余裕を失った受験生は、ここで間違った判断を下してしまう。「この問題は難しすぎて解けない」と。

●条件やポイントに印をつけながら読む

途中で行き詰まったとき、解き方を間違えている可能性もある。その場合も、問題文をもう一度しっかり読む必要がある。

問題文には、問題を解くためのヒントが詰まっている。

数学や物理では、与えられた設定条件を正確に図やグラフにするだけで解法の糸口が見つかることが多い。ただし、条件を見落としたり、勘違いしたりすると、どんなに時間をかけても正解できない。

小説文や古文では、最初のリード文（物語の背景や状況などを説明する文章）や、語句の注釈がヒントになることがしばしばある。

問題文を再読するときは、「ここは重要だ」とか「この条件は見落としやすい」というポイントに線を引きながら、落ち着いて読もう。

きちんと読み直すことで、失いかけた余裕も取り戻せる。

28

宿泊ホテルは利便性と快適性を重視して予約！

――宿泊環境でアドバンテージを確保

●宿泊代をケチってもロクなことはない

遠隔地受験でホテルに3泊以上する場合、受験に適した条件がそろっているところを探したい。快適でストレスなく過ごせるホテルを選べば、それだけで大きなアドバンテージになる。

最優先したいのはロケーションだ。2月の受験シーズンは雪による交通機関の混乱も想定されるので、試験会場から歩いて通える距離、徒歩20分圏内のホテルが理想的だ。

快適に勉強できる環境かどうかも重要だ。勉強しやすい机と電気スタンドは必須だが、加湿器やエアコンの室温調整機能（好みの室温に設定可能）

も、隠れたポイントとなる。

両方の条件を満たすホテルとなると、どうしても料金は高めになる。しかし、ここでケチってはいけない。ホテルで体調を崩しては元も子もない。浪人して予備校に通えば、年間100万円近くはかかる。

●ネット調査で絞り、現地調査で決定！

ネット検索である程度ホテルを絞り込んだら、予約開始日にすかさず予約する。その際、複数のホテルを同時に押さえてしまっていい。ホテルごとにキャンセル料の規定があるが、1週間前までなら無料でキャンセルできるところが多い。これもきちんと調べておく。

予約した複数のホテルからひとつを絞るにあたり、親や親戚に〝現地調査〟をしてもらうと安心だ。ネットでは快適そうに見えても、実際に泊まってみると不都合な面が見つかるかもしれない。

ホテルのリサーチは、自分でやると大変なので、親や親戚に任せたほうがいい。勉強を手伝えないかわりに、こういうことで力になれるのが嬉しくて、張り切っていいホテルを見つけてくれるだろう。

29

〝本命校〟の試験日には、オシャレな服で気分一新！

――〝勝負服効果〟で実力を出し切る

●服装や身なりは気分に影響を与える

服装や身なりは、人間の心理に影響を与えることがわかっている。有名なのが「スタンフォード監獄実験」である。

模擬の刑務所に健康な一般人を「看守」と「囚人」に無作為に振り分けて入れる。看守役には制服と警棒、囚人役には囚人服と足の鎖を与え、彼らの行動を観察するという実験である。

その結果、看守役はより看守らしく、囚人役はより囚人らしく振る舞うようになっていった。ついには本物の刑務所のように暴力や虐待が横行して大混乱したため、実験は途中で中止された。

Wise sayings for you
試験に強くなる名言集⑲

自分の可能性めいっぱいまで使ってみたいなら目標は でかすぎないとだめだ!

ひぐちアサ
『おおきく振りかぶって』(講談社)より

人間は、与えられた服装や身なりにふさわしい役割に「なりきろうとする」「なりきってしまう」ことが、この実験から確認された。

●〝試験勝負服〟は地味でも質のよいものを

服装によって気分が変わるのは、キミたちも経験しているだろう。パジャマ姿のまま勉強していると、どうもシャンとしない。デートで〝勝負服〟を着ると、気分が高揚して積極性が出てくる……

そこで、デート用の勝負服とは別に、試験本番用の〝勝負服〟を用意しておくといい。目立つことが目的ではないので、派手で奇抜なファッションである必要はない。

「自分が賢そうに見える」「気持ちが明るくなる」「落ち着きと品格がある」などが、本番用の勝負服を選ぶときのポイントだ。

親にねだるなら、地味でもデザインセンスがよく、生地の質がいいもの、長く着られそうなものを買ってもらおう。そうなると値段は張るだろうが、高価な服を着た〝リッチ感〟は心の余裕にもつながる。

本命校の試験日には、この〝勝負服〟を着て乗り込もう!

30

長距離・長時間の列車移動は、「指定席以上グリーン席以下」で

――お金でゆとりと時間を買う

●1時間以上の移動は迷わずグリーン車で！

自宅から試験会場に向かう場合、試験日が平日だと朝のラッシュに巻き込まれてしまう。ギュウギュウ詰めの車内では、参考書の復習もできず、ヘトヘトに疲れた状態で試験を受けるハメになる。

しかし、これもお金で解決できる。1時間以上の列車移動では迷わずグリーン車に乗る。最低でも指定席だ。そうすれば、コーヒーでも飲みながら、車内でゆったり勉強できる。

家から試験会場までの距離が微妙な場合は、会場の近くのホテルに前泊する選択も賢い。東京では、朝のラッシュ時に人身事故で電車が遅れ

Wise sayings for you
試験に強くなる名言集⑳

荷物が重くてくじけそうになったら、ほかの荷物を軽くすればいい。

ジョージ・S・メリアム（アメリカの政治学者）

るのは日常茶飯事だが、そうしたリスクも避けられる。ただし、ホテルだとよく眠れない人には勧めない。

●飛行機はクラスアップして〝優雅な旅〟を！

飛行機を使う場合も、同様の注意が必要だ。最近の国内線は、格安航空会社（LCC）が台頭しているが、安いなりの理由もある。たとえば、東京に出るのに成田空港の便しかない、遅延が多い、ターミナルから離れた場所で発着する、荷物の受け取りに時間がかかるなど、余計な時間をロスすることがけっこうある。

そういう意味では、やはり全日空と日本航空が信頼できる。ただ、母親が一家のサイフを握っていると、〝主婦感覚〟で「安さ」を優先しかねない。それを考えると、自分で航空券を予約したほうがいい。

その際、親には「正規料金」を請求し、〝早割〟などの安い航空券を購入する。その差額分でハイクラスを予約するのが狙いだ。

ゆったりした気分で空の旅を堪能《たんのう》し、気持ちよく試験を受ける。緊張したときは、〝優雅な空の旅〟を思い出して余裕を取り戻そう。

31

心配性の親に聞かれたら、嘘でも「バッチリ」と答える

——嘘も方便、親の心配を断ち切る

●親の不安や心配は子に〝伝染〟しやすい

北海道出身で、東京のホテルに2週間滞在して受験をした女の子がいる。いまは都内の有名大学に通っている彼女に、試験期間中に何か困ったことはなかったかと聞くと、「父親ですね」と即答した。

東京に滞在中、父親は毎日電話をかけてきたそうだ。「きょうの試験はどうだった?」「ちゃんとできたのか?」「明日は大丈夫そうか?」などとしつこく聞く。これがウザくてたまらなかったと言う。

たったひとりで上京してただでさえ不安なのに、心配性の父親に根掘り葉掘り結果を聞かれると、彼女の気分も暗くなる。親が不安だと、子

供も不安になる。親の感情は子供に伝染しやすいのだ。

こういうときは、嘘でもいいから「きょうはバッチリ！」「明日もイケそうな気がする」などと答えて親を安心させ、早めに電話を切り上げてしまったほうがいい。

●「大人の対応」で親に接する心の余裕を持つ

親というのは、無条件で自分を愛してくれるありがたい存在だ。しかし、試験では親の愛情が裏目に出ることもある。

試験期間中は、どんな受験生でもピリピリしている。できるだけネガティブなことは考えたくない。何も言わずに放っておいてほしいときもある。そういうことを正直に親に話しておくのもいいだろう。

嘘をついて親を安心させる。正直に話して親を説得する。どちらも「大人としての対応」である。〝子供〟としてではなく、一段上の〝大人〟として振る舞ってみると、気持ちにも余裕ができる。

親を喜ばせたいなら、何がなんでも志望校に受かることである。それが、いまのキミにできる最大の親孝行だ。

32

問題文より先に設問に目を通せ！

——出題意図を先回りして読む

●〝設問の先読み〟は10分の得

「木を見て森を見ず」。物事の一部分に気を取られて、全体が見えなくなることを言う。試験でも、〝木〟ばかり見てしまい、余計な時間をロスしたり、つまらないミスで自滅したりすることがある。

たとえば、問題の英文を読み終えてから設問を見ると、「下線部と同じ意味の単語を文章中から抜き出せ」とある。「えっ？　また最初から読み直して探さなきゃならんのか……」。ここで時間をロスする。

問題より先に設問内容を把握しておけば、下線部と同じ意味の単語に注意しながら英文を読めるのでムダがない。長い英文なら、それだけで

Wise sayings for you
試験に強くなる名言集㉑

成功は必ずしも約束されていないが、
成長は約束されている。

アルベルト・ザッケローニ（サッカー日本代表監督）

解答時間が10分程度短縮できるだろう。

問題を解くときは、まず〝森〟を見よう。つまり、問題文よりも先に設問を読む。そうすると、「どこに注意して問題を読めばいいのか」がわかり、効率よく解答作業を進められる。

●設問や選択肢から内容を類推する

英語の長文問題の場合、設問を先に読むことで、英文の内容を大まかに把握できる。たとえば、設問の中に「英文の内容に合致するものを、次のア〜エから選べ」という正誤問題があったとする。

先に選択肢に目を通しておくと、英文を読まなくても「どんなことが書かれているのか」が見えてくる。

たとえば、選択肢の中に「日本人と欧米人の食事のマナー」と書かれていれば、その選択肢が仮に間違いだとしても、「日本と欧米の食事マナーの違いについて書かれているな」と類推できる。

これで、英文が圧倒的に読みやすくなり、選択肢を吟味しながら進められるのでムダがない。やはり「設問の先読みは10分の得」だ。

33

宿泊ホテルの近くの飲食店を徹底リサーチ！

——遠隔地受験の重要ポイント

●毎日ファストフードでは力も出ない

ホテルに滞在して受験する場合、意外に困るのが食事だ。朝食はホテルのモーニングですませるとして、昼食と夕食をどうするか。

試験のある日は、途中のコンビニで弁当を買っていけばいい。ホテルによっては受験生用に弁当を用意してくれるところもある。

試験のない日の昼食と毎日の夕食がハンバーガーや牛丼などのファストフードばかりでは、さすがに飽きるし栄養バランスも悪い。

経験者に聞くと、食生活の変化で便秘や下痢になったり、食欲が落ちて力が出なかったりと、食事にまつわる失敗談が意外に多い。

Wise sayings for you
試験に強くなる名言集㉒

他の人々は食わんがために生き、己れ自身は生きんがために食う。

ソクラテス（古代ギリシアの哲学者）

「頭さえ働けばいい」と思って食事の管理をおざなりにすると、体調を崩して実力を発揮できないことがあるので注意が必要だ。

●普段の食生活に近い〝定食メニュー〟を！

環境や食生活の変化は、特に腸に影響を及ぼす。腸は「第二の脳」とも言われ、人間の精神活動を支える重要な器官であることが、最近の研究で明らかにされている。

慣れない土地でのホテル滞在は、それだけでもストレスになる。ストレスが原因の下痢や便秘、体調不良などを防ぐには、普段と同じような生活を維持することが大切だ。

そこで、ホテル周辺の飲食店を事前にリサーチしておこう。普段の食生活に近い食事がとれるのは定食屋だが、居酒屋も意外な穴場だ。

居酒屋では、豊富なメニューから普段食べているものをチョイスできる。「ごはん・味噌汁・漬物」のセットメニューがある店も多い。

加えて、たいていカウンターがあるので、ひとりで食事をしやすい。受験生であることを告げれば、親切に対応してくれるだろう。

Wise sayings for you

試験に強くなる名言集㉓

「できるけどやらないだけだ」と
自分に言い聞かせている間は、
「できない」ということを
別の表現で言っているに過ぎない。

リチャード・P・ファインマン（アメリカの物理学者）

CHAPTER 4

「シミュレーション力」でアガリを防ぐ!

試験に強くなる作戦34〜44

34

騒々しい店で勉強をして、〝ストレス耐性〟をつける！

――環境に左右されずに実力を発揮する

●試験中の〝妨害行為〟を想定しておく

「隣の受験生の貧乏ゆすりが気になって集中できない」「くしゃみを連発する受験生がいて、リスニング放送が聴き取れない」……

試験教室には、思わぬ〝敵〟がひそんでいる。彼らにしてみれば試験を妨害するつもりはないのだろうが、〝被害〟を受ける側はたまったものではない。集中力が途切れ、完全にペースを乱してしまう。

明らかな妨害行為の場合は、試験監督に申し出て注意してもらったほうがいいが、故意の妨害かどうかの線引きは難しい。注意された受験生が逆ギレして、さらに露骨な嫌がらせをしてくるかもしれない。

それを考えると、何があっても動じないタフな精神力を養っておくほうが賢い。試験は他人との戦いではなく、自分との戦いである。

●あえて騒がしいファストフード店で勉強する

普段、静かな環境の中で勉強をしていると、試験本番でのちょっとした〝雑音〟がストレスになって集中力を落としやすい。

そこで、直前期には、あえて〝騒がしい環境〟の中に飛び込んで勉強してみることを勧めたい。騒音に対するストレス耐性を高めるのが目的の、一種の〝武者修行〟と考えよう。

高校生が騒いでいるファストフード店、子供連れのお母さんたちが集まってギャギャーうるさいファミレス、ビジネスマンがパソコンを持ち込んでカタカタやっている喫茶店……

こうした騒々しい場所に勉強道具を持ち込んで、周囲がうるさくても勉強に没頭できる集中力を養う。最初のうちは気が散って勉強どころではないかもしれないが、何事も〝慣れ〟である。

慣れてくると、周囲の雑音がまったく気にならなくなる。

●想定できるリスクを書き出しておこう！

試験中の〝騒音〟に限らず、本番ではちょっとしたことが原因で集中力を落としたり、気持ちが乱れたりすることがある。

こうしたリスク要因を事前に予測し、それらをひとつずつ排除する手だてを考えておくことも、重要な〝本番戦術〟である。

たとえば、試験日の朝、人身事故で電車がストップしてしまう可能性もある。ちゃんと確認したつもりなのに受験票を忘れてしまった、昼食のお弁当のおかずでお腹を壊してしまった、などなど。

試験本番で想定できるリスクは、事前にリストアップしておこう。そして、それぞれに対してどんな方法で対処するか、どうやってリスクを回避すべきかを考え、合わせて書き出しておく。

「そこまで神経質にならなくても」と思うかもしれない。しかし、こうした準備を怠ったために試験に失敗し、1年間を棒に振ってしまう受験生が毎年必ず出てくる。彼らの失敗から学べることは多い。

ここでのテーマは、試験本番で想定されるリスクを周到に排除する危機管理術だ。

Wise sayings for you
試験に強くなる名言集㉔

準備というのは、
言い訳の材料となり得るものを
排除していく、
そのために考え得る
すべてのことをこなしていく。

イチロー（大リーガー）
『夢をつかむイチロー２６２のメッセージ』（ぴあ）より

35

キャンパス地図を持って試験会場を下見しよう!

――下見のポイントと注意点

●試験の開始時刻に合わせて下見に行く

試験会場の下見は、試験当日とそっくりな状況を想定して念入りにやっておきたい。「試験を受ける教室のある建物を確認して終わり」では、下見をしたことにならない。

まずは、試験日と同じ時刻に家を出て、試験会場までの所要時間をチェックする。バスや電車で会場に向かう場合、ラッシュ時と昼間の時間帯では所要時間が変わるので、この確認は意外に重要だ。

駅から試験会場までの間にコンビニがあるか、試験会場の近くに喫茶店や飲食店があるかどうかもチェックしておこう。

Wise sayings for you

試験に強くなる名言集㉕

事前に対策を練る「面倒くささ」と、後からやってくる「面倒くささ」とでは、質が全く違います。

本田直之（実業家）

『面倒くさがりやのあなたがうまくいく55の法則』（大和書房）

試験会場に着いたら、試験を受ける建物に直行する。自由に出入りできる場合は、試験教室とトイレの位置も確認しておきたい。

●キャンパス地図に〝行動予定〟をメモする

大学が試験会場の場合は、キャンパスマップを持参しよう。大学の公式ホームページには、たいていキャンパスの案内図が載っているので、それをプリントアウトすればいい。

このキャンパスマップには、試験当日の行動の指針や下見をして気づいたことなどをメモしておく。

たとえば、試験会場の門の脇に到着予定時刻を書き込む。試験教室の建物を赤で囲み、教室に入る時刻を記入する。キャンパス内の静かそうな場所には「昼休みはココ！」とメモする……

休み時間や昼休みの過ごし方などを考えると、チェックすべきことはたくさんある。当日の自分の行動を細かくイメージしながら、キャンパスマップに調べたことを書き込んでいこう。

試験当日は、このマップが〝頼れるナビゲーター〟となる。

36

直前期には、本番と同じ時間割で勉強して〝実戦感覚〟を磨く！

――〝頭の働き〟を本番に合わせる

●起床時刻から終了時刻まで、すべて合わせる

試験の1か月前からは、試験日に合わせた生活リズムを確立して本番に備えてほしい。特に、それまで〝夜型勉強〟でやってきた人は、早寝早起きの習慣をつくるのに時間がかかるので注意したい。

直前期の追い込みも、試験当日の時間割を意識した勉強法で〝実戦感覚〟を養っていきたい。

たとえば、午前中に英語、午後から国語と地歴の試験がある場合、同じような時間帯にそれぞれの科目の勉強をする。本番で最大限の実力を発揮できるように、体と頭を慣らしておくためだ。

Wise sayings for you
試験に強くなる名言集㉖

努力だけでは、どうにもならないかもしれん。しかし、努力をしなければ、確実にこのまま。

羽海野チカ
『ハチミツとクローバー』(集英社)より

本番の1~2週間前には、本番と同一の時間帯で過去問演習をする日を何日か設定しておきたい。もちろん、起床時間や休み時間、終了時間なども試験当日にそっくり合わせる。

●反省点を書き出して、もう一度〝予行演習〟

本番と同じ時間割による直前期の〝予行演習〟は、自分の弱点を見つけることと、問題の解き順や時間配分などの〝本番戦術〟をチェックすることが大きな目的となる。

弱点については、本番までに残された課題として日々の勉強でつぶしていけばいい。もうひとつの〝本番戦術〟のチェックでは、反省点を紙に書き出しておこう。

「確実に解けた問題をミスで落とした」とか「時間内に手がつかなかった問題で、解けそうなものがあった」など、明らかに得点できたはずの問題を落としてしまったときは、徹底的に対策を考える。

考えるだけでは足りない。日を改めてもう一度〝予行演習〟をして、対策をきちんと実践できたかを確認しよう。

37

本番と同じ解答用紙で答案練習をしておこう！

――過去問演習の〝落とし穴〟に注意

●解答用紙への〝慣れ〟は意外に重要！

直前期の過去問演習では、問題を見ながら、解答をノートやルーズリーフに書いて答え合わせをする受験生が多いだろう。

しかし、このような演習だけをやっていると、試験本番で「あれ？」と戸惑うことがある。記述式解答では特に注意が必要だ。

本番で配付される記述式の解答欄は、マス目があるもの、四角の線で囲んであるだけのもの、四角の中に罫線が引かれているものなど、形式も大きさもさまざまだ。

事前に知って慣れておかないと、答案作成に時間がかかって調子を崩

Items for the best performance

試験に強くなるアイテム⑥

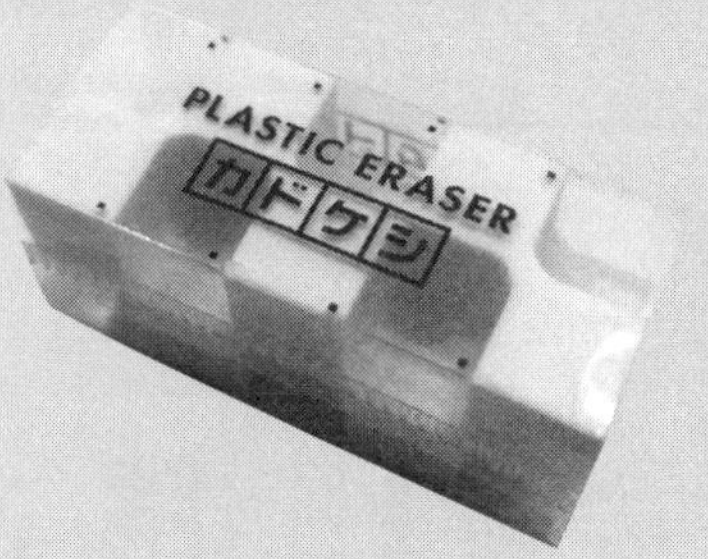

コクヨS&T 消しゴム「カドケシ」

常に新しい角を使えるので消し間違いを防げ、細かい部分をきれいに消せる優れ物。

してしまうことがある。そこで、本番を想定した過去問演習でも、本番と同様の解答用紙を使って慣れておくことが大切だ。

赤本には、解答欄のサイズや形式が記載されているので、自分で解答用紙を作って演習しよう。大学によってはホームページで過去問の解答用紙をダウンロードできるところもある。

●マーク式も本番に近い解答用紙で練習する

センター試験や私大で多いマーク式の問題も、マークを塗りつぶす解答用紙を使って過去問演習をしておこう。

マーク式の試験では、〝解答欄のずれ〟による大量失点が一番恐い。実際、それで失敗をする受験生が必ずいる。こうしたミスを防ぐためにも、〝実物仕様〟による念入りな演習が欠かせない。

また、マークを慎重に塗りつぶす作業は、意外に時間を取られる。設問の選択肢にマルをつけるだけの過去問演習は、実際よりも短い時間で解答できてしまうので、正確な解答時間の感覚がつかめない。

備えあれば憂いなし。転ばぬ先の杖。

38

「入学試験要項」は隅から隅まで読んでおく

——リスクマネジメントの基本中の基本

●服装によっては試験を受けられない！

試験当日、参考書を読みながら開始時間を待っていると、監督官がやってきて「このままではきみは試験を受けられない」と告げられる。「えっ、どうして？」。びっくりして聞き返す。「服を着替えてください」と試験監督。なんのことだかサッパリわからない……なぜ監督官に注意されたのか、おわかりだろうか？　答えは「入学試験要項」に書いてある。

「文字や地図がプリントされている服装の着用は認めません」

もし、こんなことで試験を受けられなくなったら、悔やんでも悔やみ

きれない。しかし、「入学試験要項」をよく読まなかった自分がいけない。完全に自己責任である。

●想定されるリスクの対処法を手帳に記入！

出願手続きから入学手続きまで、すべての事柄が記載されている「入学試験要項」は、隅から隅まで読んでおく。

たとえば、「受験上の注意」の項目には、先のような服装に関することも含めて、かなり細かい規定が書かれている。

「使用が認められる筆記用具」「許される遅刻の範囲」「交通機関が乱れた場合の情報提供先」「受験票を忘れたときの再発行手続き」「試験中の迷惑行為」「試験教室に忘れ物をしたときの連絡先」など。

試験直前には、もう一度念入りに「入学試験要項」を読み直す。重要な項目にはラインマーカーを引いて手帳などに書き出しておこう。これも試験における重要なリスクマネジメントだ。

「万が一受験票を忘れたら？」「交通機関がストップしたら？」

何も見ずに対処法をスッと言えれば〝合格〟だ。

39

直前期の〝ながら勉強〟は禁止！

——試験教室の環境に合わせる

〝ながら勉強〟に関する賛否両論

音楽やラジオなどを聞きながらの〝ながら勉強〟が、普段から習慣になっている受験生もいるだろう。

〝ながら勉強〟は普通はよくないこととされている。しかし、中には音楽を聴きながら勉強するほうが乗れる、集中できる、覚えやすい、などと主張する人もいる。

これを嘘や錯覚だと決めつけるつもりはない。

確かに、〝ながら勉強〟が合っている人がいても不思議ではない。個人差もあるので、一概にダメだと決めつけることはできない。

Wise sayings for you

試験に強くなる名言集㉗

誰も君に強要はしない、自分で考え自分で決めろ。
自分が今何をすべきなのか。
まぁ、後悔のないようにな。

アニメ「新世紀エヴァンゲリオン」より

しかし、私は〝ながら勉強〟に関して否定派だ。理由は単純で、試験本番では〝ながら勉強〟ができないからだ。

●〝ながら勉強〟から自然に離れるのがベスト

人間は、普段と違う環境に置かれると、不安になって思考や判断力が乱れやすい。〝ながら勉強〟が習慣化している人は、それができない試験本番で調子を崩す可能性がある。

高校時代に〝ながら勉強〟を肯定していた大学生に話を聞くと、試験前には自然にやらなくなっていた、という人がほとんどだった。

本当に集中しているときは、音楽もラジオもジャマでしかない。直前期に〝ながら勉強〟を続けているのは、勉強に集中できていない証拠であると、これが彼らの言い分である。

〝ながら勉強〟肯定派の意見だけに、耳を傾ける価値がある。

直前期になったら、自然に〝ながら勉強〟から抜け出せているのがベストだ。それができない人は、少なくとも試験1か月前になったら「ながら勉強禁止」の貼り紙をして強制終了だ。

40

試験教室の寒暖に対応できる服装で！

――〝温度管理〟も重要な本番対策

●試験日の服装は〝重ね着〟が基本

受験シーズンの2月は、1年のうちでもっとも寒い時期だ。試験会場には、もちろん暖房が入っているが、温度管理は大学側に任されているので、自分でコントロールできない。

室温の感じ方は十人十色で、ある人にとってはベストの室温が、他の人にとっては寒すぎたり暑すぎたりすることがある。試験教室の座る位置によっても寒かったり暑かったりと、これもさまざまだ。

ベストの体調で試験を受けるためには、暑さ対策、寒さ対策もあらかじめ考えておきたい。これは、服装でコントロールする。

薄くて吸汗性のいい下着、ヒートテック素材のインナー、薄手のシャツ、ベストやカーディガン、着心地のいいジャケット、コートなどを重ね着して、寒暖の状況に応じて衣服の着脱で調整する。

●「頭《ず》寒《かん》足《そく》熱《ねつ》」のコンディションで実力発揮！

使い捨てカイロや体に貼る冷却剤（「冷えピタ」など）、濡れティッシュ、マスクや帽子なども寒暖対策に使えるグッズだ。

ただし、試験中の帽子の着用などは禁止事項になっていることもあるので、必ず「入学試験要項」で確認しておこう。

使い捨てカイロは、冷え性の人には必須アイテムだ。手や指を温めるほか、靴用のカイロで足の冷えを防ぐ。

頭の働きをよくするには、昔から「頭寒足熱」がいいとされている。足の冷えは、全身の血液の流れを悪くする。頭を使いすぎると熱を帯びて「のぼせた」状態になり、脳の働きが低下する。

休み時間には、オーバーヒート気味の頭を「冷えピタ」などで冷やし、「頭寒足熱」の理想状態を維持しよう。

41

秋以降は月一以上で模試を受ける

――〃対外試合〃で試験に慣れておく

●〃校外模試〃を積極的に受けに行こう！

学校によっては、年間の模試スケジュールを決めて一括で申込み、校内で実施するところもある。生徒の便宜《べんぎ》を図ってのことだろうが、私に言わせれば「いらぬ親切、余計なお世話」である。

特に、〃受験モード〃に入る高3の9月以降は、学校実施の模試を蹴ってでも、校外の会場に赴いて模試を受けることを勧めたい。

校内で受ける模試は緊張感がなく、試験本番の雰囲気とはほど遠い。その点、校外の模試会場は、他校の知らない受験生ばかりなので、本番により近い環境で模試を受けることができる。

Wise sayings for you
試験に強くなる名言集㉘

自分の実力が不十分であることを知ることが、自分の実力を充実させる。

アウグスティヌス（神学者・哲学者）

多くの受験生を見てきた経験から言うと、〝模試嫌い〟の人ほど本番に弱い傾向があるようだ。高3の夏休み以降は、少なくとも月に一回は校外の模試を受けに行き、〝試験に慣れて〟おきたい。

●一度受けた模試は、本番直前まで徹底活用！

模試を受けたときは、できればその日のうちに復習しておこう。問題を解いた記憶、感触が残っているうちに復習すると、それだけ印象に残って記憶の定着率がよくなる。

模試の解答・解説は、執筆陣が相当の力を入れて書いている。下手な参考書よりもずっと親切でわかりやすい。

解説を読みながら、知らなかったこと、忘れていたことをその場で覚え、間違えた問題は自力で解けるようになるまで復習する。模試で出た問題が、本番で〝的中〟することもしばしばある。

特に大学別の模試は、問題の傾向や形式はもちろん、解答用紙まで本物そっくりに作られている。直前期の実戦演習では、過去問と模試を交互に使って〝本番戦術〟に磨きをかけよう。

42

下痢止め・胃腸薬・絆創膏《ばんそうこう》、〝救急セット〟を用意しておく

――想定できる体調不良に備える

●風邪よりも注意すべき胃腸のコンディション

2月の試験シーズンはインフルエンザが猛威《もうい》をふるいやすい時期でもある。予防接種を受けていればそれほど神経質になることはなく、むしろ風邪よりも恐いのは、試験当日の胃腸の調子である。

少々の風邪なら試験にはまったく影響しない。ただし、風邪薬には眠くなるなどの副作用があるので、当日は飲まないようにしよう。

緊張やストレスによる下痢や腹痛、あるいは、食べた物が悪くて胃腸を壊した場合は、試験に集中できる状況ではなくなる。よほど具合が悪ければ、ためらわずに試験監督に申し出る。試験より体が大切だ。

Wise sayings for you
試験に強くなる名言集㉙

私は物事をとことん突き詰めるのが好きなんだ。そうすれば、たいてい良い結果が出るから。

ビル・ゲイツ（マイクロソフト社の共同創業者・会長）

こうした当日の体調不良も、当然のことだが事前に想定しておく。試験会場に持ち込む所持品リストには、下痢止め、胃腸薬、絆創膏などの〝救急セット〟を加えておこう。

●市販薬より医師が出す処方薬のほうが安心

薬局などで市販薬を購入する場合、薬剤師と相談して、試験に影響する副作用の出ないものを選んでもらう。ただ、薬局で売れる市販薬は、法律によって制限があり、必ずしも効きがよいとは限らない。

一番安心なのは、やはり医師が処方してくれる薬だ。市販薬にくらべて効き目が強いことが多く、体質に合った薬を処方してくれる。

医師に相談する場合、常用している薬があれば持参し、薬の使用目的をきちんと伝えよう。下痢止めや胃腸薬も、医師が処方できる薬の種類は非常に多く、そこから一番合ったものを選んでもらえる。

試験シーズンの2月は、早い年ならすでに花粉症が始まっている人がいるかもしれない。アレルギー症状を抑える薬には眠気を催すものが多いので、花粉症対策も医師に相談するのが安心確実だ。

43

遠隔地受験では、最低でも試験2日前にチェックイン！

――体力の余計な消耗を防ぐ

●早めのホテル入りで新しい環境に慣れる

遠隔地受験では、体調管理がことのほか重要だ。

長距離の移動による体力消耗、環境変化によるストレス、慣れない土地での不自由さなど、さまざまなリスクがひそんでいる。

2月の受験シーズンは、雪による飛行機・列車の遅延、運休も想定される。空港や列車内で足止めされて一夜を過ごすことになれば、もう試験どころではなくなる。

しかし、試験日の2日前までに現地入りする滞在スケジュールを組んでおけば、こうした最悪の事態にもどうにか対応できる。

Wise sayings for you

試験に強くなる名言集㉚

体力がないと苛立ちに負けて、考える力はまだ残っているのに、結論を急ぎたがり、最後まで集中して頑張り切れない。

羽生善治（将棋棋士）

『決断力』（角川書店）より

また、ホテルに連泊する場合、初日はあまりよく眠れないことが多い。長旅の疲れを取り、ホテル生活に慣れるまでに、1日か2日はかかるものと考え、日程に余裕を持たせておきたい。

●ホテルでの〝乾燥対策〟のいろいろ

ホテルの客室は気密性が高く、エアコンが連続稼働しているので、かなり乾燥している。乾燥で喉をやられると、食欲が落ちたり睡眠の妨げになったりするので、乾燥対策もきちんと考えておきたい。

まず、客室に加湿器があるか、加湿器がない場合はフロントで貸し出してもらえるかを、ホテルの予約の際に必ず確認しておこう。

加湿器がなかったり、あっても効きが悪かったりした場合を想定して、携帯用の「ペットボトル加湿器」（市販のペットボトルをタンク代わりにして使う）を買っておくと重宝するだろう。

風呂に入ったあとのお湯を残して浴室のドアを開けておく、エアコンの通風口に水で濡らしたタオルをあてがう、濡れマスクを使用して寝る、などの対策も併用して快適な住空間をつくろう。

Tactics for success

44

自分に合った昼食をとろう！

――気持ちを和らげるためのひと工夫

●試験本番で意外に重宝する〝機能性食品〟

試験の日の昼食をどうするかは、意外に悩むところである。経験者に聞いてみると、〝弁当派〟が多く、ついで大学の食堂などでの〝外食派〟。中には、「ウイダーinゼリー」や「カロリーメイト」などの機能性食品ですませたという人もいた。

要は、自分に合った昼食ならなんでもいい。その意味で、機能性食品も悪くない。特に、ご飯を食べると必ず眠くなる人には勧められる。

コンビニ弁当や外食を予定している人も、混雑や品切れなどで食べ損ねたときのことを想定して、機能性食品を準備しておきたい。

機能性食品は、栄養バランスがよく、お腹が空いたときに気軽に口にできるので、試験本番では意外に重宝する。

●温かい食事や飲み物で気持ちがホッとなる

〝弁当派〟の中で、保温弁当箱が役に立ったという人もけっこういた。寒くて殺伐とした試験会場では、温かいご飯や味噌汁を口にすると気持ちが安らぐ。身も心もほっこりする。

これも確かにそうだろう。親に作ってもらったお弁当を持参する人には勧めたい。

コンビニなどで弁当を買って会場に行く人は、保温水筒に温かいお茶や味噌汁などを入れていくといい。弁当は冷たくなっていても、飲み物が温かければ気持ちも和らぐ。

ホテルに滞在している人も、部屋にはたいてい湯沸かしポットが備えてあるので、インスタント味噌汁やティーバッグのお茶を保温水筒に入れて持参することができる。

こうした工夫を考えるのも、ちょっとした気分転換になる。

Wise sayings for you

試験に強くなる名言集㉛

人は目指していた何かを断念する時
必ず理由をつける
ナゼか分かるか？　その方が楽だからだ
ダメならダメでいい
ただ　自分の努力の足りなさを
別の何かのせいにはするな

日向武史『あひるの空』（講談社）より

CHAPTER 5

「ミスらん力」で確実に得点を加算する!

試験に強くなる作戦45～55

45 難問に取り組む10分より、見直しの10分を優先する！

——〝ディフェンス力〟で受験を制する

●合格ライン付近では、ひとつのミスが命取り！

試験で多少の失敗をしても、余裕で合格ラインを超えられる実力があれば、ミスに対してそれほど神経質になることもないだろう。しかし、そういう人はほんのひと握りにすぎない。

多くの受験生は、直前期の追い込みでようやく合格ライン付近まで実力を伸ばし、そのまま試験本番を迎えることになる。

受かるか落ちるかは五分と五分、当日の調子にも左右される。ケアレスミスでの失点は命取りになりかねない。確実に解ける問題を落とした時点で〝ジ・エンド〟だ。

短期間で「難問を解く実力」をつけるのは難しいが、「ミスをしない力」や「ミスを防ぐ力」ならすぐにでも身につけられる。

要はちょっとした心がけと工夫だ。

●難問に費やす時間を見直しに回す

試験終了まで残り10分、最後に難問を残している。

選択肢はふたつある。果敢《かかん》にチャレンジして〝追加点〟を狙うか、難問をあきらめて、これまでに解いてきた問題の見直しをするか。

「突然、神様が降りてきて解法をひらめく」可能性、それもないとは言い切れない。しかし、相当の自信がない限り、その確率はかなり低いと考えるべきだろう。

それよりも、すでに解いた問題を見直し、ミスによる失点を未然に防ぐほうが、普通の受験生にとっては得点上積みの期待値は高い。

時間が余っている場合でも、難問にチャレンジする前に、それまでの問題を見直してミスをつぶしておこう。そうすれば、余裕を持って難問に取り組める。精神的余裕がなければ、ひらめきも生まれない。

●自分に特有の〝ミスのパターン〟を把握する

定期テストや模試でケアレスミスが多い人は、試験本番でも同じようなミスで失点をする可能性が高いと考えてほしい。

その前提に立って、本番でミスをしない力を鍛えておくことは、直前期の大きなテーマだ。人によっては最重要課題になるだろう。

ミスをしない力、ミスを防ぐ力を、ここでは「ミスらん力」と名づけることにしたい。

「ミスらん力」を身につける方法、ミス防止の具体的なノウハウについては、拙著『ケアレスミスをなくす50の方法』(ブックマン社)を参考にしてほしい。

本の中でも強調していることだが、「どんなところで、どんなミスをしやすいか」は、人によって違う。人には、それぞれに固有の〝ミスのパターン〟がある。

自分に特有の〝ミスのパターン〟を見つけ、それを克服する方法や工夫を実践することで、ケアレスミスは劇的に減らせる。難問を一題解くよりもはるかに簡単で、得点力強化に直結する本番対策だ。

Wise sayings for you
試験に強くなる名言集32

われわれは勝負師ではない。負けても何が原因で負けたのかを追求することに意義がある。

本田宗一郎（本田技研工業創業者）

46

自信がない問題に△印をつけ、あとできちんと見直しをする

——〝ミス発見率〟を高める工夫

●試験中の〝いやな予感〟は当たることが多い！

「解答は書いたけど、どうもしっくりこない」「あっけなく解けたけど、何となくミスしているような気もする」……。こうした違和感や悪い予感は、実際に当たってしまうことが多い。

試験中に、「どうも自信がない」と思った設問には、とりあえず△印をつけておこう。「あとで必ず見直す」という意味の印だ。

問題数や設問数が多ければ、いくら見直しの時間を確保していても、すべてをチェックすることは不可能だ。そこで、〝ミス疑惑〟が濃厚な問題だけをピックアップして、見直しの効率化を図る。

Wise sayings for you

試験に強くなる名言集㉝

問題に突き当たり窮した時、一言発言。
「簡単だ!」するとその後、
不思議と知恵が湧いてくる。

孫正義（ソフトバンクグループ創業者）

●解いた直後でなく、時間を空けてから見直す

「何回も見直しながら解いたのにミスをしてしまった」「ちゃんと見直しをしたはずなのにミスを発見できなかった」……。そんな経験がキミたちにもあるだろう。

こうした〝ミスの見逃し〟が多い人は、見直しのタイミングをずらすことを勧めたい。問題を解きながらの見直し、問題を解いた直後の見直しは、意外にミスを発見できないことが多いからだ。

たとえば、「2×3＝6」のような単純な計算を、うっかり「2×3＝5」としてしまうことがある。そのときの頭の中では「2×3＝5」の間違った情報を「正しい」ものと思い込んでいる。

その思い込みが、しばらくの間、頭の中に〝残像〟のように焼きついている。そのため、計算した直後に見直しをしても、これを「誤り」と認識する判断力が働いてくれない。

そこで、問題を一題解いたらすぐに見直しをせず、別の問題を解いてから見直すようにしよう。時間を空けることで、間違った思い込みがリセットされ、ミスを発見できる可能性が高くなる。

47

制限時間の1~2割を見直しの時間に確保する

——ミスを防ぐための時間配分

●「解答時間」と「見直し時間」を分けて考える

「制限時間80分・大問数4」の試験問題があったとする。ひとつの大問に平均20分かけられることになる。ただし、これを純粋に「解答に要する時間」と考えると、見直しの時間が取れなくなる。

時間配分を考えるときは、「解答時間」と「見直し時間」を分けて考えよう。大問ひとつに20分を配分する場合は、たとえば「解答時間15分・見直し時間5分」といった具合だ。

見直し時間をどの程度確保しておくかは、問題の形式や難易度によっても違うが、基本的に「制限時間の1~2割」を見積もっておく。

Items for the best performance

試験に強くなるアイテム⑦

アベンヌ ウオーター

気合いを入れたいときに顔にスプレーすると
シャキッとする。無添加なので安心。

たとえば、80分の制限時間なら、10〜15分を「見直し時間」として確保しておくことになる。

●解けそうにない難問を捨て、見直し時間を確保!

試験では満点を取る必要はない。基本から標準レベルの問題を確実にミスなく得点していけば、合格ラインは超えられる。

特に数学では、よほど易しい問題が並んでいない限り、制限時間内での〝全問完答〟は期待できない。医学部を除くと、難関大学の2次試験の数学は、5〜6割も取れれば充分だ。

ということは、難問を一題まるまる捨て、残りの問題だけで勝負することもできる。難問を捨てることで、「解答時間」と「見直し時間」に余裕ができるので、その分だけ解答の〝精度〟を上げられる。

たとえば、「１２０分・大問数６」の場合、難問を一題捨てると「１２０分・大問数５」になる。この違いは大きい。

直前期の演習では、見直し時間を考慮した時間配分を考え、場合によって難問を捨てることを視野に入れた〝本番戦術〟を練り上げよう。

48

マーク式の解答では、〝最後の番号〟に着目！

——マークミスを防ぐテクニック

●大問ごとに〝最後の番号〟を確認する

センター試験などのマーク式解答では、たったひとつのマークミスが大量失点につながる危険が常につきまとう。

たとえば、「選択肢から二つ選べ」の指示を見落として、ひとつしかマークしなかった場合、ここから解答欄がずれる。それに気づかないまま答案を提出してしまうと、〝悲劇的な結末〟が待っている。

マークミスを防ぐには、大問ごとの〝最後の解答番号〟に着目するといい。たとえば、大問の最終設問を解いてマークした時点で、問題冊子の「解答番号」と解答用紙の「解答番号」の一致を確認する。

Wise sayings for you
試験に強くなる名言集㉞

努力した者が全て報われるとは限らん。しかし、成功した者は皆すべからく努力しておる!!

森川ジョージ
『はじめの一歩』(講談社)より

もしそれが一致していなければ、どこかでマークミスをしていることになり、早い段階でミスを見つけて修正できる。

●終了10分前になったら〝最終チェック〟を!

マーク式試験の過去問演習でも、見直し時間の確保は必須だ。

ひとつの大問を解き終えるたびに解答欄のずれをチェックするとしても、その確認作業をうっかり忘れたり、「確認したつもり」で実は間違えていたりすることもある。

そこで、大問ごとの確認以外に、すべての問題を解き終えた時点での最終チェックを必ず実践してほしい。

最終チェックでも〝最後の番号〟の確認から入る。もし、ここでずれに気づいたら、見直しとマークの修正作業に時間がかかる。

どの時点で間違えたかにもよるが、5、6分の見直し時間では間に合わない可能性もある。そこで、「終了10分前」になったら、解答作業の途中でも、いったん中断して最終チェックを行う。

残った問題は、マークミスがないことを確認してから解けばいい。

49

過去問演習の制限時間は、〝正規の8割〟に設定する！

――見直しの時間を確保するために

●解答スピードを上げるトレーニングを！

問題を速く解ければ、それだけ見直しの時間も増える。見直しの時間が増えれば、それだけミスを発見できる確率も上がる。

直前期の過去問演習では、「見直し時間の確保」をテーマに、問題を解くスピードを上げる練習に力を入れたい。

特にセンター試験は、設問数が多い割に制限時間が短めなので、どの科目も〝時間との戦い〟になる。のんびり解いていたらあっと言う間に〝時間切れ〟アウトになってしまう。

そこで、過去問演習では、「本番の制限時間×0・8」で問題を解き

切れることを目標に入念にトレーニングを積んでおこう。

たとえば、センター試験の数学は、本番ではI・A、II・Bともに60分の制限時間なので、過去問演習ではその8割の「48分」を目標にすべての問題を解き切れるようにしておく。

●早め早めの対策で本番に備えよう！

設問を手早く処理するには、英語なら英文の速読力、数学なら迅速・正確な計算力の向上が欠かせない。

ただ、読解力にしても計算力にしても、短期間での大幅なスピードアップはあまり期待できない。スピードを追求するあまり、読み方や計算が雑になってミスが増えるのでは本末転倒だ。

こうした場合、たとえば「単純な知識問題は一問10秒で解く」「問題文より先に設問を読む」「図やグラフを素早く描く練習をする」などの〝本番戦術〟で埋め合わせをする。

それでも限界はあるので、解答スピードを上げるトレーニングは、できるだけ早い時期から取り組んでおきたい。

50

〝考え方の痕跡〟を残す

――見直しの効率化を図る

●あとで見直しやすいような〝痕跡〟を残す

一度解いた問題を見直すとき、さすがにゼロから解き直すことはしない。見直しの時間は限られているので、短時間で効率よく見直しを進めていく必要がある。

そこで、問題を解くときには、あとで見直すことを前提に、「どの問題を・自分がどう考え・どうやって解いたのか」がわかるような〝痕跡〟を残しておくことが重要だ。

たとえば、数学の余白計算では「仕切り線を書く」「問題番号や小問番号をふる」「計算の途中式も含めて書く」「導いた答えに下線を引く」

Wise sayings for you
試験に強くなる名言集㉟

自信のつくものを何か1つ手に入れたら、人間は変われるんですね。

Mr.マリック（マジシャン）

などを心がけることで、圧倒的に見直しがやりやすくなる。

余白がゴチャゴチャして見にくかったり、途中式が省かれていたりすると、それだけ見直し作業が難航し、ミスを見逃しやすくなる。

●選択肢を選んだ〝根拠〟を明確にする

選択肢を選ぶ正誤問題では、「この部分は正しい」「ここは間違い」「これは不明」など、選択肢を読みながら判断したことを○・×・△などの記号で表して書き込んでおくといい。

英語の長文問題を読むときは、段落ごとの内容を簡単なメモにして書き込む。下線部和訳の問題では、主語（S）や動詞（V）、目的語（O）などを英文中に書き込んでおく。

このような〝考え方の痕跡〟は、あとで見直しをするときの手がかりとなり、ミスを発見しやすくする。さらに、選択肢や答案の再検討にかかる時間も減らしてくれる。

こうしたことは、〝ぶっつけ本番〟で実践できることではない。普段の演習から〝考え方の痕跡〟を残す習慣をつけておこう。

51

氏名・受験番号・受験科目など、〝基本中の基本〟は3回チェック！

——〝史上最悪のミス〟を完全防止

●超基本的な〝うっかりミス〟は見逃しやすい

センター試験は科目選択が複雑だ。たとえば、数学の試験では「I」と「I・A」の問題がある。本来「I・A」を解くべきなのに「I」を解いて〝撃沈〟してしまう受験生が、毎年必ず出てくる。

「さすがに、そんなミスは絶対にしない」と一笑に付す人もいるだろうが、そういう人こそ実は注意したい。自信と過信、慢心は紙一重《かみひとえ》だ。過信や慢心はミスを誘発する原因となる。

特に、氏名や受験番号、選択科目の記入といった単純な〝事務作業〟で、過信・慢心によるミスが起きやすい。

Wise sayings for you

試験に強くなる名言集㊱

人間の運命を変えようと思ったら、まず日々の習慣から変えるべし。

松下幸之助（パナソニック創業者）

極度に緊張する試験本番では、この手の〝考えられないミス〟をする受験生が必ずいる。それがキミでない保証はない。

●〝事務作業〟は最初に2回、最後に1回確認する

試験開始直後は、早く問題を解こうと焦っているので、氏名や受験番号の記入などの〝事務作業〟が雑になりやすい。

そんなのはパッパッと記入して、すぐに問題に取りかかりたいところだが、ここでひと呼吸置く。タクティクス23でも書いたように、ゆったりした動作は心を落ち着かせる。

「氏名や受験番号は正しく記入したか」「自分が解く問題はこれでよいのか」。問題を解き始める前に2回、きちんと確認しよう。

それでもまだ安心はできない。〝確認ミス〟の可能性もある。試験が終わって答案用紙が回収されてから、「あれ、もしかしてやっちゃったかも？」という不安にとらわれると、次の試験に集中できない。

そこで、試験終了の最後の10秒で、氏名や受験番号などの〝事務作業〟をもう一度チェックしておこう。これでもう安心だ。

52

フリーハンドで素早く図を描く練習をしておく!

――視覚の混乱によるミスを防ぐ

●正確な図を描ければミスを減らせる

数学の図形問題では、与えられた条件に合う図を自分で描かなければならないことが多い。

条件に合致した図を描けなければ、問題は解けない。条件を満たす図を描けても、円がいびつだったり、線分の長さの比がいい加減だったりすると、視覚的な混乱を招いてミスをしやすくなる。

逆に、図形をほぼ正確に描ければ、勘違いやミスも減る。きちんと描いた図で角度が60°前後なのに、計算して出てきた角度が30°だったら、明らかにどこかでミスをしているとわかる。

Wise sayings for you

試験に強くなる名言集㊲

最初はうまくいかなくても、何度もやってごらん。

W. E. エクソン（イギリスの聖歌隊指揮者）

そこで、日頃からフリーハンドで図をきれいに描く練習をしておきたい。特に受験生がうまく描けないのが円だ。

●2本のエンピツできれいな円を描く方法

ここで、円をほぼ正確に描く〝裏技〟を紹介しておこう。エンピツ2本で簡単にできるので、ぜひ練習しておいてほしい。

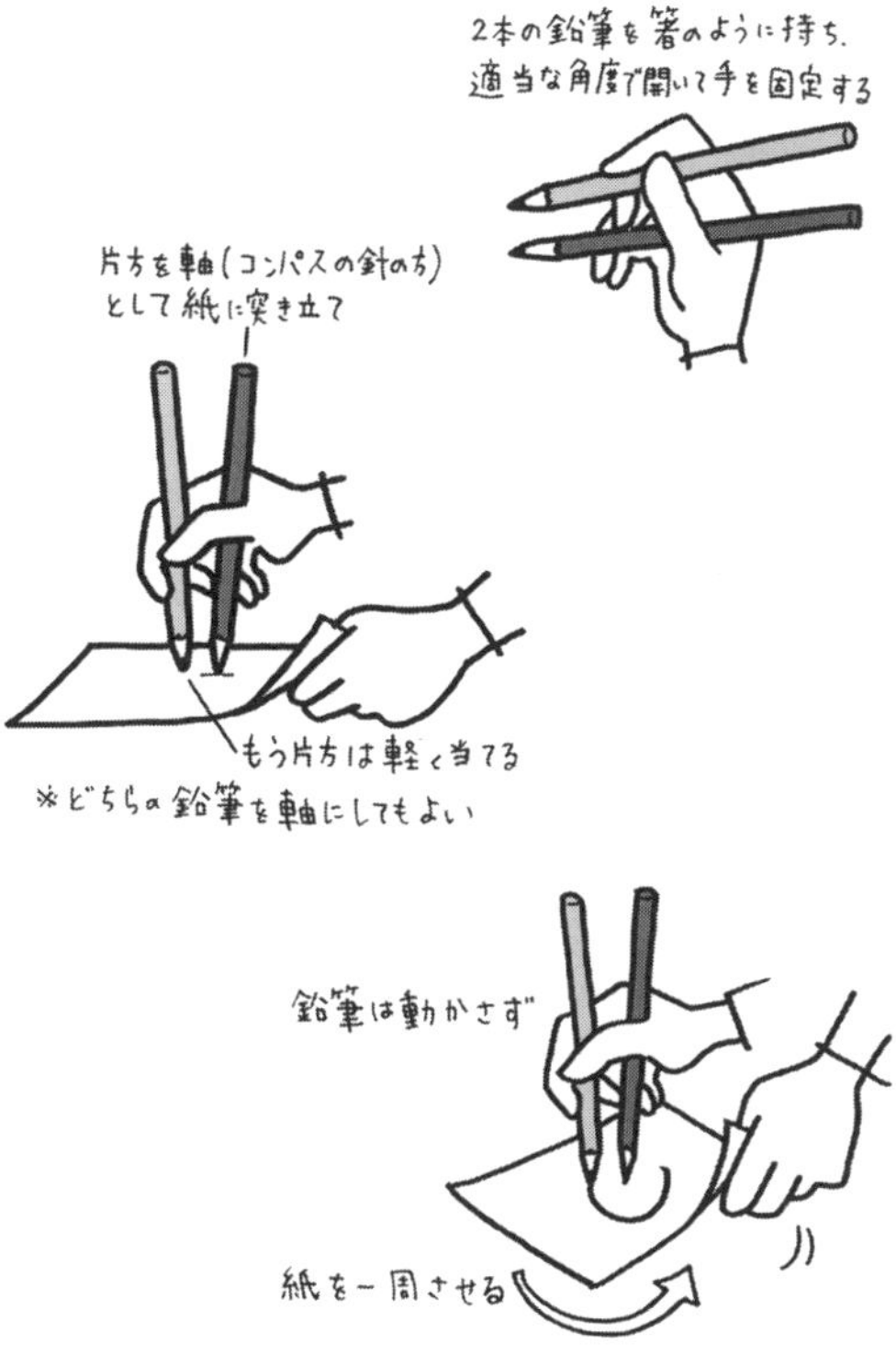

2本の鉛筆を箸のように持ち、適当な角度で開いて手を固定する
片方を軸（コンパスの針の方）として紙に突き立て
もう片方は軽く当てる
※どちらの鉛筆を軸にしてもよい
鉛筆は動かさず
紙を一周させる

53

「ミスらんノート」を3回読んで試験に臨む！

――ミス防止の意識と技術を高める

●ミスの原因と対策を書いたノートを作ろう！

ケアレスミスは〝精神論〟ではなくせない。

「本番では絶対にミスらない！」と決意してミスを防げるなら、誰も苦労はしない。ミスは〝努力と実践〟でなくすものだ。

まずは「ミスの原因」を突き止める。その上で、「同じミスをしないための方法や工夫」を考え、普段の勉強で実践し検証する。その積み重ねによって、ケアレスミスは劇的に減らせる。

そこで作ってほしいのが、「ミスらんノート」だ。

まず1冊ノートを用意する。学校や家で問題を解いたとき、定期テス

Items for the best performance
試験に強くなるアイテム⑧

『ケアレスミスをなくす50の方法』
（ブックマン社）

センター・2次試験で絶対に役立つ！
「ミスらんノート」で偏差値10上げよう！

トや模試を受けたとき、自分のミスの原因を追及し、どうすればそのミスを防げたかを考える。考えるだけでなく、ノートに書き出す。

これが「ミスらんノート」である。詳しい作り方は、拙著『ケアレスミスをなくす50の方法』（ブックマン社）を参考にしてほしい。

●「ミスらんノート」を刷り込んでいざ試験！

「ミスらんノート」には、自分に固有の〝ミスのパターン〟とミスを防ぐ具体的な方法・対策が記録されている。

「自分にどんなミスが多いのか」「なぜそのミスをしてしまうのか」が事前にわかっていれば、試験本番でも「あっ、ここはよくミスをするところだから慎重に！」と、ミスを防ぐ意識が高まる。

「ミスを防ぐ具体的な方法・対策」は頭の中に刻み込み、直前演習を通じて使えるようにしておく。そうすれば、試験本番でミスをしそうな場面でそれが〝発動〟し、事前にミスを回避できる。

「ミスらんノート」は、必ず試験会場に持ち込もう。試験が始まるまでに最低3回は読んで、頭に刷り込んでから試験に臨む。

54

ミスに気づいたときはあわてず、まずは深呼吸！

――〝見直しでのミス〟を防ぐ

●ミスでの動揺が、さらなるミスを誘発する

問題を解いている途中でミスに気づく、見直しをしているときに重大なミスを発見する。思わず「あっ！」と声が出そうになり、あわてて修正をしようとする。こういうときも危ない。

ミスを見つけると動揺する。そこに焦りや不安が加わると、さらなるミスを誘発する危険性が高まる。

「ミスに気づいて解き直したのに間違えた」「本当は合っていたのに、見直しの計算でミスをして点を失った」……。こうした経験をしたことがあるだろう。

Wise sayings for you

試験に強くなる名言集㊳

本気でやった場合に限るよ
本気の失敗には価値がある

小山宙哉

『宇宙兄弟』(講談社)より

見直し段階でのミスは絶対に避けたい。時間を浪費するだけでなく、わざわざ失点を増やすことにもなりかねない。

●気持ちをリセットしてから慎重に見直す

ミスに気づいたときは、まず気持ちを落ち着けることを最優先に考えてほしい。ゆっくり深呼吸をするだけでも、動揺や不安を抑えて平常心を取り戻せる。エンピツを置いてストレッチ運動をしてもいい。

ミスの発見は「しまった!」ではなく、本当は「やった!」だ。得点を増やせる〝ラッキーチャンス〟だと、プラス思考で考えよう。

気持ちをリセットし、落ち着きを取り戻してから、慎重に解き直しをする。それでも不安が残るなら「解き直しの解き直し」、つまり解き直しを2回やっておく。

2回の解き直しで、それぞれ違う答えが出てくることもある。どちらかでミスをしている。こうした場合は、いったん保留にしよう。

別の問題を解くなり、別の問題の見直しを先にすませ、いったん脳をリセットしてから解き直す。「三度目の正直」だ。

55

解答を記入したときは、〝至近距離〟から2回確認！

――〝写し間違い〟のミスをなくす

●解答用紙と問題冊子は〝恋愛中のカップル〟

「せっかく正解が出たのに、解答欄に書き写すときに間違えてしまった」「余白計算をするとき、元の式を写し間違えていた」……

試験では、解答欄に記入する際の〝書き写しミス〟や、余白計算をするときの〝写し間違え〟がよく起きる。この手のミスは意外に気づきにくいので、具体的な対策をあらかじめ考えておこう。

対策のひとつとして、「問題冊子と解答用紙」や「問題と余白」を思いっきり近づけておくことを勧めたい。

問題冊子と解答用紙が離れていると、解答を写すときの視線の移動が

Items for the best performance

試験に強くなるアイテム⑨

THERMOS
真空断熱フードコンテナー

温かいスープや味噌汁などを入れて
試験場へ持ち込めば、心も体もポッカポカ！

大きくなり、見間違いが起きる危険が高まる。距離が縮まれば、それだけ写し間違いのリスクが減る。

計算余白が問題の下にある場合は、問題用紙を折り曲げるようにして、余白と問題をぴったり寄り添わせる。近い距離から式を写せば、見間違いや勘違いによるミスを防ぎやすくなる。

●解答は「二方向の指《し》差《さ》呼《こ》称《しょう》」でダブルチェック！

解答欄に答えを記入したときは、その場で2回の確認作業を行う。これも写し間違いを防ぐための具体的な対策のひとつだ。

このときも、問題冊子と解答用紙をぴったり寄り添わせる。

確認作業は、まず問題冊子に書き込んだ答えを見て、解答欄と同じかどうかをチェックする。その際、答えを指でなぞりながら、小さな声で答えをつぶやくと効果的だ。いわゆる「指差呼称」である。

次に解答欄の答えを見て、同じように「指差呼称」で問題冊子に書いた答えと照合をする。

試験本番では、「二方向の指差呼称」をぜひ実践してほしい。

Wise sayings for you

試験に強くなる名言集㊴

明日からがんばるんじゃない…
今日…今日だけがんばるんだっ…！
今日をがんばった者…
今日をがんばり始めた者にのみ…
明日が来るんだよ…！

福本伸行『賭博破戒録カイジ』（講談社）より

CHAPTER 6

「開き直り力」で最終コーナーを駆け抜ける!

試験に強くなる作戦56〜66

56

やり残したことを捨て、やったことだけを固めよう！

――〝捨てられる受験生〟は本番に強い

●直前期には〝新しいこと〟に手を出さない

「苦手科目はなし、やり残したこともない」。そんな完璧な状態で試験本番に臨める受験生は、おそらくひとりもいないだろう。

「あれが出たらどうしよう」「ここが出たらヤバい」。考え始めると不安になって仕方がない。だから、直前期になると、新しいことに手を出そうとして「やるべきこと」が雪だるま式に増えていく。

しかし、ここに落とし穴がある。

新しいことを理解して覚えるには時間がかかる。当然、「これまでやってきたこと」の復習が疎《おろそ》かになり、どちらも中途半端なまま試験日

を迎えるハメになる。受験生の典型的な失敗パターンだ。

そこで必要になるのが、開き直りである。「やっていない範囲が出たら潔《いさぎよ》く捨てる」と腹をくくる。そして、「これまでにやってきたこと」を確実に固めることに専念するのだ。

直前期には「やらなくていいこと」を削っていく

たとえば、全体の2割をやり残していたとしても、残りの8割で確実に得点を重ねれば、合格ラインを超えられる。

言うまでもなく、入試で満点は必要ない。合格最低点が6割とすると、「これまでにやってきた8割」の中の8割（0・8×0・8＝0・64）を得点すれば、合格最低点の6割を超えることができる。

直前期の過去問演習では、その点に注意して「試験日までにやるべきこと」を絞り込んでいこう。早い話が、「やらなくていいこと」「捨てるべきこと」を削っていくのだ。

その判断が的確にできる人、開き直って〝捨てる決断〟のできる人が、試験本番で強さを発揮する。

〝いまだけ〟に目を向けさせる「開き直り力」

「落ちたらどうしよう」「もう間に合わないのではないか」……。試験が迫ってくると、受験生はさまざまな不安に襲われる。

実際にはまだ体験していない将来を、悲観的なイメージでとらえて不安になる。こうした不安を心理学では「予期不安」と言う。

予期不安から逃れるには、とにかく「いまできること」を実際の行動に移すことだ。「いまできる勉強」に集中していれば、その間は〝将来の悲観的なイメージ〟を振り払うことができる。

それには、開き直ってしまうことだ。

「落ちたらどうしよう」ではなく「落ちたら落ちたで、そのときに考えればいい」、「もう間に合わないのではないか」ではなく「とにかくやるしかない。間に合わなければそれまでだ」と開き直る。

開き直ることで、不安や緊張がスッと抜けていく。先のことを思い悩まず、過去のことを悔やまず、「いまだけ」に目が向く。それによって思いもかけないパワーが発揮される。

「開き直り力」が、成功への突破口をこじ開けてくれる。

Wise sayings for you

試験に強くなる名言集㊵

いつも不安で不安で仕方がない。
おれほど臆病者はいない。
開き直らないとむちゃできない。

北野武（映画監督）

57

持ち込む参考書は、各科目1冊に絞り込む！

――「あれもこれも」は結局できない

●試験会場に持ち込む参考書を絞り込む

試験前日の夜は、〝持ち物リスト〟をチェックしながら、会場に持ち込むものをカバンに詰め込む作業をする。

もちろん、参考書もその中に入っているだろうが、たくさんある中からどれを選ぶかで悩む人が多い。

復習をしていてわからないことが出てきたとき、それを調べる参考書も持って行かないと不安になる。まだ完成していない「発音・アクセント」や「英作文」の問題集も持って行きたい……

そんなことで悩んでいると、参考書がどんどん増える。ここは開き

Wise sayings for you
試験に強くなる名言集㊶

あまり人生を重く見ず、捨て身になって何事も一心になすべし。

福澤諭吉（啓蒙思想家、教育者）
堀秀彦『格言の花束』（現代教養文庫）より

直って、持ち込む参考書を原則として「1科目につき1冊」に絞り込んだほうがいい。

●一番使い込んだ、思い入れのある参考書を！

試験当日は、試験開始までの待ち時間、休み時間を含めて、勉強する時間がたっぷりあるように思える。だから、たくさん参考書を持ち込んで復習できそうな気がしてしまう。

しかし、実際には思ったほどではない。「あれも見ておこう」「これも確認しておきたい」と欲張っても、かえって気が散ってしまい、復習に集中できないことがある。

そこで、試験会場に持ち込む「この1冊」は、これまで使ってきた参考書の中で一番使い込んだもの、思い入れがあるものを選ぼう。

気に入って使い込んだ参考書なら、復習もサクサク進められる。「ここはしっかりやったから大丈夫！」と、復習しながら自信が湧く。タクティクス8で紹介した「不安撃退」の効用だ。

「この1冊と心中する！」。そのくらいの気持ちで開き直ろう。

58

苦手科目の目標得点は、思い切って低めに設定する

——〝願望〟よりも現実性を重視する

●死ぬ気で頑張っても、できないものはできない

「捕《と》らぬ狸《たぬき》の皮算用《かわざんよう》」という言葉がある。

まだタヌキを捕らえていないうちから、その皮を売って儲ける計算をする。ここから転じて、「確実でないことに期待をかけ、自分に都合のよい計画をあれこれ練る愚かさ」を戒《いまし》めることわざである。

直前期の受験生も、ともすると〝都合のよい計画〟や〝無謀な計画〟を立てがちなので注意しよう。

たとえば、「全科目9割以上」の目標を掲げて直前期の計画を立てる。苦手な数学で7割、8割の高得点を狙う計画を立てる……。死ぬ気で頑

Wise sayings for you
試験に強くなる名言集㊷

持っていないもののことを気にしていると、持っているものを無駄にしてしまいます。

ケン・ケイエス・ジュニア（アメリカの自己啓発作家）

張れば、達成できそうな気がしてしまうからだ。

しかし、これは現実性を欠いた〝願望〟、〝妄想〟でしかない。そもそも、「死ぬ気で頑張れる」のかどうかも怪しい。

●苦手科目は〝足を引っ張らない程度〟でよし！

何度も強調することだが、試験で満点は必要ない。合格最低点を1点でも2点でも上回れば受かる。

欲張って高い目標を掲げると、「やるべきこと」が多くなりすぎ、計画そのものが破綻《はたん》してしまう可能性が高まる。

試験まで1年以上あるならともかく、直前の数週間では、たとえば苦手科目なら、死ぬ気で頑張ったとしても5点か10点をプラスできるかどうか、といったところだろう。

そこで、苦手科目は「足を引っ張らない程度でよし」と開き直り、目標得点を思い切り低めに設定する。それで足りない部分は、得意科目や「短期間で伸びそうな分野・単元」で埋め合わせをする。

「残された時間」をできるだけ有効に使うための鉄則だ。

59

あえて自己採点をして、反省点・修正点を確認する

——試験を受けながら成長する

●自己採点の目的は〝合否確認〟ではない

一部の有名大学では、試験が終わったその日か翌日には大手予備校のホームページに「解答速報」が掲載される。大学側の公式発表ではなく、各予備校が独自に作成・公開したものである。

「問題冊子は、すべての試験が終わるまで封印！」（タクティクス18、50ページ）と以前に書いた。これと矛盾するようだが、「解答速報」を入手したら、終わった試験の自己採点をするメリットもある。

「解答速報」による自己採点は、「受かっているか落ちているか」を確認するのが目的ではない。ここが重要なところだ。

Wise sayings for you

試験に強くなる名言集㊸

くよくよ心配しても始まらん。来るもんは来る。来た時に受けて立ちゃええ。

J.K.ローリング

『ハリー・ポッターと炎のゴブレット』(静山社)より

間違えた問題を分析し、自分に足りなかったことや改善すべき点を洗い出して修正する。見つかった弱点を叩いて次の試験に備える。

「反省と課題を引き出して修正し、次の試験に活かす」。これが自己採点の最大の目的であり、メリットでもある。

●「失敗を次に活かす」ための開き直り

「解答速報」による自己採点は、すべての受験生に勧められるわけではない。結果が悪かったときに落ち込んでしまい、次の試験に悪影響を及ぼしそうな人はやめたほうがいい。

しかし、たとえ結果が悪くても、「今回は残念ながら失敗した。でも、その反省を活かして次の試験で成功すればいい!」とプラス思考で開き直ることができる人は、ぜひ実践してみてほしい。

「失敗を次に活かす」には、自分の失敗と向き合う必要がある。つらいことかもしれないが、失敗から学べることは多い。

終わったことは仕方がないと開き直って気持ちを切り替える。それによって、「試験を受けながら成長していく」ことができる。

60

「数撃ちゃ当たる」方式の併願校選びも考えてみよう！

――〝連続受験〟をメリットに変える

●併願校選びの〝セオリー〟を鵜呑みにしない

一般入試では、本命校の他に4～5校の併願校を受ける受験生が多いようだが、「だから自分もそうしよう」と思うことはない。

一般に併願校を選ぶ際は、「確実に受かりそうな〝安全校〟や〝滑り止め校〟を入れる」「連続受験の強行スケジュールは避ける」「本命校の試験前日を空ける日程を組む」のが基本と言われている。

しかし、こうしたセオリーを無視してもいいことがある。

たとえば「連続受験は体力が続かない、頭の働きが鈍くなる」と言う人がいても、万人にあてはまるわけではない。

〝学内併願〟はきついなりにメリットがある!

気持ちがピンと張りつめている試験期間中は、いわゆる「火事場の馬鹿力」を発揮しやすい環境にある。数日間連続で試験を受けても、疲れを感じないくらいハイになり、頭が冴えることもある。

これはやってみなければわからない。ただ、キミたちの年代は、人生の中で体力的なピークを迎える時期にある。確かに1日試験を受けるとぐったりするだろうが、回復も速い。若さの特権である。

「絶対に浪人はしたくない」「この大学なら、どこの学部でもかまわない」という強い意思がある人は、「こうなったらガンガン受けてやる」と開き直って、併願を増やす選択も考えていいだろう。

特に、早稲田や慶應の〝学内併願〟の場合、続けて受けていると類似問題が出ることもある。連続受験で体力的にきつくなる反面、1、2回受けただけでは身につかない〝実戦カン〟が養われていく。

〝学内併願〟では、強行スケジュールで試験に慣れ、そのつど修正をしながら試験を受け続けることで結果を出す人が多い。「数撃ちゃ当る」は確率的にも正しい。一考に値するだろう。

61

早めにセンター試験を捨て、〝私大専願〟に活路を見出す

——決断の遅れが〝共倒れ〟を招く

●センター試験後の〝国公立断念〟は戦略的失策

センター試験を受ける受験生は、基本的には国公立大学狙いだが、センターの結果だけで合否が決まる私大の「センター利用入試」を視野に入れている受験生も多い。

ところが、センターで失敗をして国公立大学への出願を断念、「センター利用入試」の私大にも点数が足りないときはどうなるか。

結果として、私立大学の一般入試に切り替えるしかないが、一般入試対策にかけられる時間はもうほとんどない。

明らかに〝戦略的失策〟と言えるだろう。

Wise sayings for you
試験に強くなる名言集㊹

自分と向き合え 現状を知り
打破する方法を考え 試せ
他人をマネても 答えは出ない

渡辺航
『弱虫ペダル』(秋田書店)より

●センター試験を〝捨てる決断〟は早いほどいい!

本番のセンター試験で想定できる点数は、過去問演習やセンター模試の結果などから、かなり正確に予想できる。

ところが、センター模試の結果がかなり悪くても、「なんとかしないとダメだ。なんとかする。いや、なんとかなる!」と考える人が少なくない。これはちょっと自分に甘すぎる〝願望〟だ。

センター試験は科目数が多いだけに、対策にかかる負担は相当重い。個別試験の対策に手が回らず、〝共倒れ〟をする危険も大きい。

そこで、センター対策をやっていて、「どうにも厳しそう」「間に合いそうにない」と感じたときは、センターを捨てる決断も視野に入れよう。開き直って〝私立専願〟一本に絞り込むのだ。

センター試験対策に費やす予定だった時間を、私大受験の2教科なり3教科なりにつぎ込めば、かなりの伸びを期待できる。決断が早ければ早いほど、より上のランクの大学を狙える。

国公立大学を断念した〝恩恵〟として、当初より一ランク、二ランク上の私立大学に受かる可能性がグンと高まる。

62

ある時点で学校の授業を見切る！

——学校に頼りすぎるのは危険

●志望校対策は学校をアテにできない！

地元の国公立大学を受ける人、私立難関校を受ける人、特殊な問題を出す医学部を受ける人……。高3の後半にもなると、ひとつの教室の中にさまざまな志望校の生徒がいる。

志望校が違えば、出題傾向や難易度も違う。当然、「何をどう勉強するか」も違ってくる。しかし、授業では同じ教材を使って、全員に同じ勉強をさせる。それが役に立つ人もいれば、立たない人もいる。

そこで、ある時期がきたら、自分に必要のない授業を見切って、自分が受ける大学の出題傾向に合った志望校対策に専念する。

Wise sayings for you
試験に強くなる名言集㊺

人から言われてやった練習は努力とは言わない

満田拓也
『MAJOR』(小学館)より

その時期がいつになるかは、授業の内容や進度、科目、教師によっても違ってくるだろう。

●「自分でやるしかない！」と開き直って見切る

たとえば普通の高校では、歴史科目や理科の授業が遅れやすい。範囲が終わらないまま試験を迎える、あるいは、最後のほうは適当にごまかして「終わったこと」にする……。進度が遅い授業は、早めに見切り、自学自習でどんどん先に進むしかない。

授業の内容にしてもそうだ。聞いても理解できない授業は、聞くだけムダなので、わかりやすい参考書による自学自習に切り替える。

「演習」の授業で解かされる問題が、志望校の問題と比べて難しすぎる、逆に易しすぎる場合、演習の意味がほとんどない。だったら、その授業の時間で志望校の過去問を解くほうが、はるかにマシだ。

授業を切るのに抵抗がある人もいるだろう。しかし、自分にとって無意味な授業に付き合っても、何ひとつ得られるものがない。

ここは「自分でやるしかない！」と開き直ろう。

63

「能力がない」と開き直って、人より5倍、6倍努力しよう!

——自分を過信せず愚直に勉強する

●〝ダメな自分〟を変え、やり方を変える!

これまでの模試でいい結果が出ていなくても、最後の2〜3か月間の追い込みで逆転合格を果たす人は少なくない。ただし、それで成功した受験生には、ある共通点がある。

「これまでのようなやり方ではダメだ」と気づき、人より2倍、3倍もの努力をする。「なぜ勉強したことが身につかないのか」を考え、普段の5倍、6倍もの時間をかけて、やったことを確実に身につける。

「自分を変え、やり方を変える」

それができた人にのみ、勝利の女神が微笑んでくれる。

Wise sayings for you
試験に強くなる名言集㊻

何も咲かない寒い日は
下へ下へと根を伸ばせ。やがて大きな花が咲く。

高橋尚子（元陸上選手、女子マラソン）の座右の銘
上田誠仁氏（山梨学院大学陸上部監督）の言葉

〝並みの頭〟だから人の5倍、6倍やるしかない

ここでも必要なのが「開き直り力」だ。「自分には能力も才能もない。だから、人の5倍も6倍も努力しなければならない」。そう開き直ってみよう。

模試でいい点が取れなかったとき、「まだ本気で勉強してないから」とか「今回は定期テストと重なってしまったから」などと、自分勝手な〝言い逃れ〟をしてこなかっただろうか。

これは、自分が傷つかないようにするための言い訳にすぎない。裏を返すと、どこかで自分の能力を過信しているのだ。このままでは何も変わらないし、変えられない。

普段は1回復習して満足していたのを3回、4回と増やす。それでも身につかなければ10回復習する。問題が解けただけで満足せず、「問題を見た瞬間にスッと答えが言える」まで3周でも4周でもやり込む。

そこまで努力できるのは、自分が変わった証拠でもある。

逆に自分を変えられなければ、いままでと同じような〝中途半端な努力〟のままで終わる。どうせなら徹底的にやろう！

64

いっさいの誘惑を断ち切って、“受験マシーン”になりきる！

——気分転換という名の誘惑に負けない

●直前期にペースを落とすのは愚の骨頂！

「試験まで残りわずか。いまから頑張ってもたかが知れている。あとは勉強のペースを落として、気楽な気持ちで試験に臨もう」……

「いまから頑張ってもムダ」と考えるのは、開き直りではなく、完全なるあきらめだ。これでは、受かるものも受からない。

切羽詰まった直前期には、普段の2倍、3倍もの集中力を発揮して勉強できる。しかも、夏休みのころに比べて知識量も格段に増え、問題を解くスピードも相当速くなっている。

つまり、試験直前は、これまでになく勉強効率が高まる時期だ。勉強

すればするだけ伸びる。特に現役生の場合、それまで伸び悩んでいたとしても、直前期の猛烈な追い込みでグングン伸びる。
この時期に、わざわざ勉強のペースを落とすなど、愚の骨頂だ。

●誘惑を一切拒否する〝禁欲生活〟に突入！

直前期の追い込みで逆転合格を狙うなら、半端な気持ちではダメだ。いっさいの誘惑を断ち切る。1分1秒たりともムダにしない。〝気分転換〟と称したテレビやスマホ、ゲームも全面禁止！

そのくらいの決意で〝禁欲生活〟に突入しないと、どこかで甘えが出てきてしまう。いったん気が緩むと、なかなか元に戻らない。

「ここにいる自分は人間ではない。受験の鬼、受験マシーン、戦うターミネーターだ！」。冗談や比喩ではなく、本気でそう思い込まなければ意味がない。

〝いままでの自分〟では受からないと開き直る。そして、試験の前日まで、詰め込めるだけ詰め込んで試験本番に臨む。

〝短期決戦型〟の人は、ハマれば無類の強さを発揮する！

65

勉強に〝やる気〟は不要、単調な作業に耐えるのみ！

――「やるか、やらないか」の選択

「受かりたければやる」、ただそれだけの問題

「試験が近づいているのに、いまひとつ気合いが入らない」という受験生もいるだろう。勉強しないとダメなのはわかっていても、なかなか机に向かえず、「よし、明日から頑張ろう」と決意して寝る……

これが夏休みなら、〝やる気の問題〟として片付けられる。しかし、もうすぐ本番の直前期にこんな状態なら、「やる気が出ない」ことを理由にした〝逃げ〟でしかない。

そもそも受験勉強は、〝機械の組み立て〟と同じ単調な作業だ。それを淡々と実行する人が受かり、実行しない人が脱落する。「やる気があ

Wise sayings for you
試験に強くなる名言集㊼

やる気があるときなら、誰でもできる。本当の成功者は、やる気がないときでもやる。

ドクター・フィル・マグロウ（アメリカの心理学者）

る」から合格するわけではない。やるか、やらないかの問題だ。「受かりたければやる、受かりたくなければやらない」

突き詰めると、この二者択一にたどりつく。

●「やる！」と決めたら〝やる気〟はもう関係ない！

いま、キミたちは貴重な経験をしている。合否を左右するのは、やる気の有無ではなく、「やるか、やらないか」の差であることを、みずから証明する機会が与えられているからだ。

たとえば、就職して社会人になったとき、会社から求められるのは、やる気ではなく〝結果〟だ。いくらやる気があっても、結果を出せない人はクビにされても文句は言えない。

これは受験勉強でもまったく同じである。「勉強はつまらないからやる気が出ない」。そんなことはわかりきっている。わかった上で、受かりたい人だけが受験勉強をやればいい。

もうグダグダしている時期ではない。やるか、やらないか。「やる！」と決めたら、やる気がなくてもやるしかない！

66

たとえ絶望的な状況でも、目標をひとつ達成しておけ!

――全力で取り組んだ経験が活きる

●厳しい状況でも「一矢報いる」意気込みを!

「自分なりに頑張ったけど、もうダメかもしれない」「ここからの逆転はさすがに無理だろう」……。そんな考えがいったん頭をよぎると、とたんに〝敗戦ムード〟に包まれる。

「今年の受験はあきらめて、来年に賭けよう!」

これは〝正しい開き直り方〟ではない。

「たとえ今年の合格は無理だとしても、せめて一矢報いてやる!」という意気込みで立ち向かう。何かひとつでも〝自分なりの目標〟を達成することに全力を尽くす。

Wise sayings for you
試験に強くなる名言集㊽

ほとんど可能性ゼロに近いじゃないか!
…………でもやらなけりゃ
…………確実な0だ!!

岩明均
『寄生獣』(講談社)より

「もう合否は関係ない、自分の目標を達成するのみ!」
これが正しい開き直り方だ。

●何かひとつ、自分で誇れることを目標にする

厳しい状況の中で〝自分なりの目標〟を立てるときは、「悔いの残らないようにする」といった抽象的な努力目標ではなく、目に見える数値を目標として掲げよう。

残り時間を考えると、いまからできることには限界がある。あれもこれもと手を広げても仕方がない。高めの目標をひとつ掲げ、それだけを達成するために、すべての時間を使い切るつもりで臨む。

たとえば、「センター数学で満点を取る」「センター英語の長文読解で9割を超える」といった目標でもいい。

「いまの自分にはちょっと無理そうだな。でも、達成できたらすごいな」と思えることを目標にする。ここがポイントだ。

厳しめの目標に全力で立ち向かう経験、目標を達成して得られる自信は、浪人してからも必ず活きる!

Wise sayings for you

試験に強くなる名言集㊾

100回叩くと壊れる壁があったとする。
でもみんな何回叩けば
壊れるかわからないから、
90回まで来ていても
途中であきらめてしまう。

松岡修造（元テニスプレーヤー）

CHAPTER 7

「脳活性化力」で勉強効率をマックスに高める！

試験に強くなる作戦67〜77

67

〝暗記もの〟は寝る前に詰め込む！

――科学的データを勉強に活かす

●夜寝る前に覚えたほうが、記憶の定着率がいい！

人間の記憶は眠ることで保持・強化されることが、近年の研究で明らかにされている。早い話、試験前日は徹夜で勉強をするより、勉強してからちゃんと眠ったほうがいい結果を期待できる、ということだ。

最近の脳科学や認知心理学の発達は目ざましく、新たな事実が次々と明らかにされている。

たとえば、英単語や歴史の年号などの単純な〝暗記もの〟は、昼間に覚えるよりも、夜寝る前に覚えたほうが忘れにくく、記憶の定着率が高いことが最近の研究で実証された。

こうした研究成果は、積極的に自分の勉強にも取り入れてみたい。もちろん、自分に合う・合わないといった問題はあるだろうが、少なくとも試して損をすることはない。

●より効率的、より自分に合った勉強法を開発する

短時間の仮眠も、記憶の固定に役立つという研究報告がある。これなども、直前期の勉強に活用できそうだ。

たとえば、昼間にガガーッと〝暗記もの〟をやったあと、20〜30分程度の仮眠を取ってみる。ただ、あまり長く寝てしまうと、夜眠れなくなるなどの弊害があるので30分以内にとどめる。

そして、仮眠をしないときと比べて、どちらがよく覚えているかをチェックする。試してみて「よい」と思ったことは、積極的に取り入れていこう。もちろん、効果に差がなければ採用する必要はない。

受験勉強法に関しては、「これが絶対!」というやり方はない。実験データで証明されていても、万人に通用するとは限らない。結局のところ、自分なりにベストの勉強法は自分で開発するしかない。

●合理的な勉強法で追い込みを加速しよう！

科学的に証明されていなくても、多くの合格者が「やって効果があった」という勉強法は、試してみる価値が充分にある。

たとえば、復習法に関して言うと、私はかなり以前から「翌日の復習」「1週間後の復習」「1か月後の復習」の3段階の〝復習バリア〟で記憶の定着率を高めるように勧めてきた。

これは、自分や周囲の友人たちの「そのほうが忘れない」という経験則であり、科学的な根拠があるわけではなかった。しかし、最近、このタイミングでの復習の効果が実験データでも証明されている。

多くの人が「よい」と認める勉強法にはそれなりの普遍性があり、おそらく科学的根拠もあるのだろう。もちろん個人差もあるだろうし、その勉強法が自分に合わないこともある。

大切なのは、まずは自分で試してみることだ。それで効果を確認できたらさっそく実践する。実践しながら自分なりの工夫を加え、より自分に合ったやり方にカスタマイズする。

実践と工夫によって、直前期の追い込みを加速しよう！

Wise sayings for you

試験に強くなる名言集 ㊿

山登りは数学に似ている。
頂上はひとつ。
そこに行き着く何通りもの方法から、
最もシンプルで合理的なルートを見つけ出す。

映画「容疑者Xの献身」(原作・東野圭吾)より

68 頭に入ってこないときは、メモを取りながら読もう！

——アウトプットで理解を深める

〝アウトプット〟が記憶と理解を助ける

受験勉強には、大きく分けてふたつのプロセスがある。

ひとつは、授業や参考書など外からの情報を暗記（理解）する〝インプット〟、もうひとつは、暗記（理解）したことを思い出す、それを使って問題を解くなどの〝アウトプット〟だ。

最近の研究では、「アウトプットは、理解や暗記などのインプットの助けになる」ということがわかっている。

たとえば、参考書を読んでも内容がよく理解できないときは、要点をメモ書きしながら読んでみる。あるいは声に出して読んでみる。

Items for the best performance

試験に強くなるアイテム⑩

池谷裕二『受験脳の作り方・脳科学で考える効率的学習法』（新潮文庫）

最新の脳科学の知見やデータをわかりやすく説明しながら科学的勉強法を提案。

「書き出す」「声に出す」といったアウトプットが脳を活性化させ、理解や暗記を促進すると考えられている。ぜひ試してほしい。

●友人や教師を相手に〝模擬授業〟をしてみよう！

インプット中心の勉強では、理解したつもりでも実はよくわかっていなかったり、自分の理解に不安を覚えたりすることもある。

こういうときは、自分なりに理解したことを、人にわかるように説明できるかどうかを試してみよう。学校で友人や教師をつかまえて〝模擬授業〟をしてみるのだ。

相手が「よくわかった、それでいい」と言ってくれれば、きちんと理解できていることになる。しかも、「説明する」というアウトプットによって理解や記憶が強化される。一石二鳥だ。

逆に、「ココ、意味わかんないよ」「それは違うんじゃね？」と言われれば、理解が足りていない証拠だ。その場で教えてもらおう。

家に帰ったら、さっそく復習だ。聞いてもらう相手は〝ぬいぐるみ〟でもいいから、声に出して〝模擬授業〟をしてみよう！

69

見て覚えるより「解いて覚える」

——アウトプットが記憶力強化のカギ

●インプットに偏った暗記は忘れやすい！

英単語や漢字、歴史用語や年号、化学の有機・無機のように、とにかく丸暗記するしかないものは、どうしても直前期にまとめて取り組むことが多くなる。できるだけ効率よく暗記したいところだ。

こうした〝暗記もの〟をやるとき、単語集や参考書などを見ながらのインプットより、問題を解いて確認する〝アウトプット型〟のほうが記憶の保持・定着の点で優れているという実証データがある。

これは、私が常々「問題を解きながら覚えよ」と言ってきたこととも合致する。経験則も捨てたものではないのだ。

Wise sayings for you
試験に強くなる名言集 51

自分を破壊する一歩手前の負荷が、自分を強くしてくれる。

ニーチェ（ドイツの哲学者）
本田季伸『賢人たちに学ぶ 道をひらく言葉』（かんき出版）より

最初は参考書などでインプットするにしろ、2回目、3回目の復習ではアウトプット型によるチェックを採り入れてみよう。

〝まとめ集〟は2冊買って、テスト形式で確認！

覚えるべきことをコンパクトに羅列《られつ》した〝まとめ集〟がある。総合的にチェックできるので、直前期にはそれなりに重宝する。

しかし、こうした〝まとめ集〟は意外に使いにくい。「ただ見て確認する」だけのインプット型の勉強なので、チェックの精度の点でも、記憶の保持・定着の点でも不安が残る。

そこで、直前に〝まとめ集〟でチェックや暗記をするときは、同じ本を2冊買い、〝テスト集〟と〝解答集〟に分けて使うといい。

まずは、1冊目でひと通り確認しながら、「覚えるべきこと」を黒く塗りつぶす。これで即席の〝空欄補充の問題集〟ができあがる。

2回目、3回目の復習では、〝空欄〟を正しく言えるかどうかをテストし、もう1冊の〝解答集〟で答え合わせをする。

インプット専用の参考書も、工夫次第でアウトプット型になる。

70

〝単純作業〟から勉強をスタート!

——脳を活性化させてから勉強する

●〝単純作業〟で脳の働きを高めておく

「さあ勉強しよう！」というとき、なかなかエンジンがかからないことがあるだろう。これは、簡単に言うと「脳がまだ勉強する態勢になっていない」ことが原因である。

〝脳の準備〟が整わないうちに勉強を始めても、脳はうまく働いてくれない。理解や記憶を司《つかさど》る脳の部位が〝半分眠っている〟からだ。

ところが、勉強を始める前に簡単な計算練習をすると、脳の活動レベルが上昇して「準備ＯＫ」の態勢を整える。体と同じで、脳にもウォーミングアップの時間が必要なのだ。

Wise sayings for you

試験に強くなる名言集52

平凡なことを毎日平凡な気持ちで実行することが、すなわち非凡なのである。

アンドレ・ジッド（フランスの小説家）

実際、ある小学校で、計算練習などの〝単純作業〟をさせてから授業に入る試みを実践した教師がいる。その結果、いきなり授業に入るよりも、理解力、記憶力の向上を示すデータが得られた。

●試験当日も〝脳のウォーミングアップ〟を！

最初は計算練習などの〝単純作業〟から入る。そこで脳を活性化させておくと、〝トップスピード〟に達するまでの時間が短縮される。

勉強を始める前の〝単純作業〟は、計算や漢字の練習、英文の音読など、なんでもかまわない。それをやってから勉強するのとしないのとでは、どう違うのかを自分で確かめてみよう。

勉強の最初に、センター数学の問題を「計算練習のつもり」で解いていた合格者もいる。そのあとで勉強すると、頭がシャキッとして理解や暗記がスムーズに進み、直前期の勉強がはかどったと言う。

とにかく、自分で試してみることだ。効果を実感できたら、試験当日までずっと続ける。もちろん試験当日も、朝の起き抜けや試験開始前、昼休みなど、頭をシャキッとさせたいときに実践しよう。

71

立ちながら、歩きながらの“ながら勉強”に効果あり！

――体を動かして前頭前野を刺激する

あくびが出てきたら、立って勉強してみよう！

長時間イスに座っていると、どうしても眠くなってくる。しっかり睡眠時間を取っているはずなのに、あくびが止まらない。

こういうときは、座って勉強するのをやめ、立って勉強したり、部屋の中を歩きながら勉強してみるといい。

集中して勉強しているときの脳は、エネルギーをより多く消費するので、脳が酸素不足になりやすい。加えて、長時間イスに座っていることで血行が悪くなり、脳に充分な血液が送れなくなる。

だからあくびが出る。あくびによって酸素を大量に取り込み、不足気

味の酸素を脳に送ろうとする。さらに、立ったり歩いたりすることで血のめぐりがよくなり、脳がふたたび活発に働き始める。

〝ウォーキング勉強〟のすすめ

理屈はわかったとして、「立って勉強したり、歩きながら勉強したり、そんなことできるの？」と疑問に思うだろう。これは論より証拠で、実際に自分で試してみてほしい。

ちなみに、私はもともと落ち着きがないせいか、長時間イスに座っていられなかった。飽きてくると、部屋の中をせわしなく歩き回り、ブツブツ声を出しながら勉強していた。

合格者に話を聞くと、私と同じような〝立ち歩き勉強〟をしていた人はけっこう多い。中には、サイクリングコースを散歩しながら古文の文法をすべて暗記したという強者《つわもの》もいた。

最近の研究では、記憶や思考を司る脳の「前頭前野」は、散歩やジョギングなど、体を動かすことでも活性化されることがわかっている。

〝ウォーキング勉強〟、試してみる価値は充分にある！

72

100パーセントを目指さず、7~8割できたら先に進もう！

――勉強効率を上げる勉強法

●まずはひと通りザッと終えてしまう

何事も完璧にやらないと気がすまない人がいる。

参考書を読んでいてわからないことがあったとき、それを解決してからでないと一歩も先に進めない。問題集も、100パーセント解けるようになってからでないと次の段階に進めない……

〝勉強する姿勢〟としては立派なように見えるが、勉強のやり方としては要領が悪すぎる。受験勉強を5年も6年もかけてやりたければそれでもいいが、試験までの残り時間は限られている。

参考書や問題集に取り組むときは、わからないことが多少あっても、

Wise sayings for you
試験に強くなる名言集53

完全であること自体が、不完全なのだ。

ウラディミール・ホロビッツ（アメリカのピアニスト）

とりあえずひと通り終える。最初は「何がわかっていて、何がわからないのか」をチェックするつもりで進めるといい。

●〝細かい穴〟は、復習で塗りつぶしていく！

わからないことを残したまま先に進むのは、確かに気持ちがいいものではない。しかし、全体の7〜8割程度仕上がっていれば、とりあえず次の段階に進んでしまおう。

「1回で進む範囲を多く取り、復習で〝穴〟をつぶしていく」。これが効率のいい勉強法の基本だ。定着できていない2〜3割については、このあと、復習をくり返しながら埋めていく。

受験勉強の半分以上は「復習」だと思ってほしい。最初はわからなかったことも、勉強が進んでから振り返ってみると、「あ、そういうことだったのか！」と理解・納得できることが往々にしてある。

とりあえず先に進むことで、知識量を増やし、知識と知識のネットワークを強化する。そうなってからのほうが、〝残してきた穴〟もつぶしやすくなる。私も含め、多くの合格者の経験則だ。

73

どんなことにも期限を設ける！

――〝〆切り効果〟で脳をフル回転させる

●「考え込んでいる」ときの脳は活動的でない

問題集をやっていて解けない問題にぶつかると、30分でも1時間でも考え込んでしまうことがないだろうか。こういうとき、「いかにも頭を使って勉強している」感じがするかもしれない。

しかし、解けない問題を前にウンウンうなっているときの脳は、実はあまり活発に働いていないことが、脳科学の実験データで明らかにされている。考えているフリをして、脳が〝さぼっている〟のだ。

自分で考えることも確かに大切なことではあるが、試験まで残り少ない時期にこれをやっていたら、いくら時間があっても足りない。

Wise sayings for you
試験に強くなる名言集54

立って歩け 前へ進め あんたには立派な足がついてるじゃないか

荒川弘
『鋼の錬金術師』(スクウェア・エニックス)より

受験勉強は〝時間との戦い〟である。「時間を制したものが受験を制する」と言っても過言ではない。

〝1分1秒刻み〟のスケジュールを立ててみる

「試験までに残された時間を使って、合格最低点を1点でも多く上回る」。この最終目標を軸に、毎月の勉強のノルマを決め、日々の勉強のノルマを割り出す。すべてが〝時間との戦い〟である。

1日のノルマを決めたら、「一題20分で解く」「10分考えてダメなら答えを見る」など、さらに細かい制限時間を設定する。

もちろん、気分転換にも制限時間を課す。いまのキミは、〝やり手のビジネスマン〟並みの忙しさのはずだ。1分1秒刻みのスケジュールを立ててもいいくらいだ。いや、実際に立ててみてほしい。

「いつまでにやらなければならない」という〝指令〟が脳に送られると、その課題を達成しようとして脳がフル回転する。普段以上の集中力や思考力を発揮する。これが〝〆切り効果〟と呼ばれるものだ。

時間に追われるのではない。「時間に追わせる」のだ。

74

飽きてきたら勉強場所を変える!

――〝脳のマンネリ化〟を防ぐ

●場所を変えることで、脳の働きを高める

鰻《うなぎ》やステーキなどのご馳走は、たまに食べるから美味しいと感じる。毎日鰻ばかり食べていたら、3日目にはもう飽きて、普通のご飯と味噌汁が恋しくなるだろう。

脳は、新しい刺激に対しては大きな反応をするが、同じ刺激が続くことで反応の幅が小さくなり、脳の働きが低いレベルで安定してしまう。これが「飽き」や「マンネリ化」の正体である。

〝脳のマンネリ化〟を防ぐには、勉強する場所を変えてみるのも有効だ。環境を変えること自体が、脳にとっては新しい刺激になる。

It is very comfortable to study in the kitchen…
ENGLISH

そこで、勉強をしていて飽きを感じたときは、勉強道具一式を持って別の場所に〝引っ越し〟をしてみるといい。

〝台所勉強〟や〝ちゃぶ台勉強〟も試してみよう

場所が変わると気分も変わる。

ダイニングテーブルは広くて解放感がある。家族が近くにいると「監視されている」感じがして、それはそれで刺激的で緊張感が出る。

居間の応接セットでの勉強は、テーブルが低いので、ちょっと不自然な姿勢になる。しかし、それが新鮮な刺激になって意外に勉強がはかどるかもしれない。

トイレや風呂での勉強は、すでにやっている人も多いだろう。いずれも短時間でできる〝暗記もの〟に向いている。直前期には、こうした〝スキマ時間〟も目いっぱい活用したい。

台所での勉強、ちゃぶ台での勉強も、試してみる価値がある。台所では立ちながらの勉強、ちゃぶ台では床にべったり座りながらの勉強になる。どちらも〝場所変え〟と〝姿勢変え〟の合わせ技だ。

75

睡眠時間を削ってはいけない！

――〝寝る子〟ほど受かる

●自分の〝適正睡眠時間〟を知っておく

直前期の追い込みでいよいよ時間が足りなくなったとき、睡眠時間を削って勉強時間を増やそうと考える受験生がいる。しかし、これだけは絶対にやめたほうがいい。

慢性的な睡眠不足は、明らかに脳の働きを鈍らせる。特に、記憶力と思考力の低下が著しいというデータがある。

その昔、「四当五落」（4時間の睡眠時間で頑張れば受かる、5時間寝てしまうと落ちる）という言葉が流行った。いまはその逆で、「七当六落」だ。昔の〝常識〟はいまの非常識、寝る子は受かる！

Items for the best performance
試験に強くなるアイテム⑪

オムロン ねむり時間計 HSL-002C

睡眠時間と睡眠の質を管理する。
目覚めやすいタイミングでアラームが鳴る。

「では、受験生は何時間眠るのがいいんでしょうか？」という質問をよく受ける。これは個人差があるので一概に言えない。8時間じゃないとダメな人もいれば、6時間でも充分な人がいる。

まずは、自分の〝適正睡眠時間〟を知っておくことだ。

●足りない分は〝休眠時間帯〟を起こして活用！

適正睡眠時間を知るには、実験をしてみるしかない。自分が何時間寝たときに一番調子がいいかを、前もって調べておこう。

その結果、たとえば「8時間寝ないと調子が出ない」という人は、その睡眠時間を維持できるような生活リズムを確立する。

睡眠時間を減らしてその分を勉強に回しても、集中力や思考力、記憶力が低下するので、結果的には勉強の効率を落とすことになる。

足りない分は、日常の〝スキマ時間〟を徹底的に活用する。

1日の自分の行動を記録してみると、何もしていない〝休眠時間帯〟がけっこうあることに気づくはずだ。ここに勉強をねじ込む。

自分はしっかり眠るかわりに、〝休眠時間帯〟を揺り起こす。

76

思い出せ、書き出せ、声に出せ！

——アウトプットをこまめに実践する

●寝る前に「きょう勉強したこと」を書き出す

せっかく覚えたことが、試験中にどうしても思い出せない。試験が終わってから「あっ、アレだった！」と気づいて悔しがる……

記憶は、①記銘（インプット）→②保持（貯蔵）→③想起（アウトプット）の三つのプロセスからなる。覚えたことが思い出せないとき、人は「忘れてしまった」と感じ、〝記憶力のなさ〟を嘆く。

しかし、記憶したことは脳に残っている。「記銘」と「保持」はできていても、「想起」で失敗すると記憶のプロセスは完結しない。

だから、「覚えたことを忘れない」ためには、アウトプットの練習を

Wise sayings for you
試験に強くなる名言集㊺

ドアの向こうに夢があるなら、ドアがあくまで叩き続けるんだ。

矢沢永吉（ロックンローラー）

たくさんすることが必要だ。たとえば、夜寝る前に「その日の勉強の内容」を思い出し、紙に書き出すのもいいトレーニングになる。

●「気分転換にカラオケ」もアウトプット重視！

「思い出す、紙に書く」。どちらもアウトプットである。アウトプットのトレーニングをこまめに行うことで、〝記憶を引き出す回路〟が強化され、覚えるべきことが「思い出しやすい記憶」として定着する。理解力や思考力にもいい影響を与える。

英文の音読など、「声に出す」のもアウトプットである。

よく耳にする歌の歌詞は覚えていなくても、カラオケで数回歌った歌詞はよく覚えている、ということがあるだろう。「声に出して歌う」というアウトプットが記憶の定着を強化するからである。

〝アウトプット重視〟は、気分転換にも持ち込もう。カラオケなどはぴったりだ。カラオケで歌うと脳が活性化するという研究報告がある。歌うことにより、記憶に関係する脳の部位が活発に働き始める。血行もよくなり、勉強で疲れた体と頭がシャキッとする。

77

「脳によさそう」なことは、とりあえず試してみよう！

――〝実験精神〟を常に持つ

●指回し運動、音読、百ます計算……、まずは試す！

ここまで「脳にいいこと」に関連することをお話ししてきた。もちろん、まだまだ他にもあるだろう。ネットで検索すれば、「脳にいいこと」の20や30はすぐに出てくる。

気分転換のひとつとして、ネットでいろいろ調べ、よさそうだと思ったことを試してみるのもいい。

たとえば、今回取材に協力してくれた東大生の中に、「指回し運動」（医学博士の栗田昌裕氏が開発）をやっていた人が数名いた。

いずれもネットで調べて、面白そうだからと試すうちに、いつの間に

か習慣になってしまったと言う。

もちろん、「指回し運動」のおかげで合格したわけではないだろう。

しかし、彼らから学びたいのは、「よさそう」「面白そう」と思ったことをすぐに試してみる〝実験精神〟だ。

●試しながら、自分に合ったやり方を見つけよう！

この本では、「受験に強くなる」をテーマに、さまざまなノウハウを紹介してきた。すべてを試せと言うつもりはない。

ただ、「やってみようかな」と思うものがあれば、とにかく実践してみよう。自分に合うか合わないかは、結果で判断すればいい。

こうした考え方ができる人が、実は受験本番に強い。

受験に強い人は、勉強法にしても気分転換にしても、いろいろ試しながら、自分なりに工夫を加えながら、最終的に自分に合ったやり方を見つけている。それができる人は、大学生になっても社会人になっても、自分で自分の道を切り開いていける。

「受験に強くなる」ことは「人生に強くなる」ことに通じている。

あとがき

自分の運命は自分で切り開こう！

いまの経験が、今後の人生の糧《かて》となる

「勝負は時の運」と言われる。確かに受験本番では、運によって合否が左右される面もあり、必ずしも実力通りの結果が得られるとは限らない。しかし、それは天が定めた「運命」ではない。

「自分の運命は自分で決められる」。私の人生観である。私自身、受験によって自分の運命を切り開いた。精神科医になったことも、三〇年来の夢だった映画監督デビューを果たせたことも、まさにそうだ。

私が、受験で頑張っているキミたちを応援するのは、「自分の運命は自分で変えられる」「努力によって自分の運命を切り開ける」ということを経験してもらい、今後の人生の糧としてほしいからだ。

自分の運命をみずからの力で切り開いた先輩、先人たちのメッセージにも耳を傾けてみよう。つらいとき、くじけそうなときは、「試験に強くなる名言集」がキミに勇気とパワーを与えてくれる。

知恵や勇気をもらう側から〝与える側〟へ！

この本を執筆するにあたって、私が代表を務める「緑鐵《りょくてつ》受験指導ゼミナール」の東大生講師・スタッフたちには大変お世話になった。特に企画の段階から精力的に協力していただいた川村裕氏には、この場をお借りして深く感謝の意を表したい。

収録した77の作戦の多くは、彼らの実体験にもとづくノウハウを再構成したものである。彼らもまた、先輩や先生たちから受験本番に臨む心がまえを教わり、励まされ、勇気を与えられてきた。

そして次はキミの番だ。成功も失敗も含めて、今回の受験で得た教訓やノウハウを後輩たちに与える側に回ってほしい。

私は私で、受験生の応援を続けていく。本で伝えきれないことは直接キミたちに語りかけ、キミたちからも力をもらいたい。そのために、「学力向上セミナー」*というトークイベントを私が主催し、読者サービスの一環として実施している。興味がある方はぜひ参加してほしい。

和田秀樹

＊セミナー詳細は「和田塾緑鐵舎」のホームページに掲載→http://www.wadajyuku.jp

○○○緑鐵受験指導ゼミナールに関するお問い合わせは、下記住所に郵送してください。

緑鐵舎《りょくてつ》 通信指導部
志望大学別 緑鐵受験指導ゼミナール
〒113-8691 東京都文京区本郷郵便局私書箱39号
緑鐵受験指導ゼミナール http://www.ryokutetsu.net
和田秀樹主催「学力向上セミナー」 http://www.wadajyuku.jp

超明解! 合格NAVIシリーズ
受験本番に勝つ! 77の作戦

2013年11月28日 初版第1刷発行

著者 和田秀樹

ブックデザイン 小口翔平＋平山みな美(tobufune)
イラスト 村山宇希

編集 山口美生
発行者 木谷仁哉
発行所 株式会社ブックマン社
〒101-0065 千代田区西神田3-3-5
営業部 03-3237-7777 編集部 03-3237-7784
ホームページ http://bookman.co.jp

印刷 赤城印刷株式会社

ISBN978-4-89308-811-6